COLBERT ET LE CANADA

COLBERT.

COLBERT

ET

LE CANADA

PARIS

IMPRIMERIE DE Mme Ve EUGÈNE BELIN

RUE DE VAUGIRARD, Nº 52

1879

INTRODUCTION

———

L'établissement de la Nouvelle-France est un des faits les plus remarquables du grand siècle.

Le but poursuivi était le plus noble que l'on pût se proposer : c'était la civilisation et la conversion des lointaines populations de l'Amérique, si malheureuses dans leur dégradation et leur aveuglement.

C'est ce que tentèrent non-seulement les dépositaires de l'autorité publique, mais encore tout ce qu'il y avait de grands cœurs dans les familles de la noblesse, de la magistrature et de la bourgeoisie sorties des luttes civiles avec une foi plus ferme, des mœurs plus graves et plus sérieuses, et un zèle incomparable pour le bien.

Les catastrophes survenues depuis, et l'abandon des grands principes ont amené l'oubli de ces premiers efforts et l'ignorance des résultats qu'ils avaient produits.

Mais depuis quelques années l'attention a été attirée vers ces contrées délaissées par une politique imprévoyante, et c'est avec une douce surprise et une vive émotion que la France a salué cette jeune sœur qu'elle avait méconnue pendant tant d'années. Elle lui est apparue tout à coup pleine de force et d'avenir et se révélant comme « cette jeune fille des rois endormie au fond des forêts, dont parle la vieille légende de la *Belle au bois dormant*[1]. »

Depuis les récentes expositions où accouraient de toutes parts les nations étrangères, quelle touchante impression a causée l'apparition subite de cette jeune nation ayant encore tant de signes de son origine et venant apporter les témoignages d'une grandeur et d'un développement si inattendus !

Rien ne peut être plus intéressant que de connaître les principes qui ont présidé à l'établissement de cette nouvelle France; et nous nous proposons de les exposer dans les pages qui vont suivre, en retraçant les institutions coloniales de Colbert, l'un des principaux fondateurs de cette

1. *Une colonie féodale,* par M. Rameau.

colonie qui a acquis, pendant qu'on ne songeait plus à elle, une importance si grande.

En commençant nous devons mentionner que nous avons puisé principalement nos renseignements dans les admirables ouvrages de M. P. Clément, membre de l'Institut, qui a donné une *Vie de Colbert,* et ensuite a édité les *Lettres et instructions.* On y trouve une mine inépuisable de documents sur l'administration de ce grand ministre. Il est à désirer qu'ils soient répandus et étudiés; ce que nous citons est au moins le résumé de ce qui concerne le Canada.

COLBERT ET LE CANADA

Notice sur Colbert, par Eugène Forcade. — Autre *Notice*, par Villenave. — *Histoire de Colbert et son administration*, par Pierre Clément, membre de l'Académie, 2 vol. in-8º. — *Lettres et papiers de Colbert*, par P. Clément, 6 vol. in-4º. — *Old regime in Canada*; Parkman, Boston.

Dans une notice précédente, nous avons résumé quelques faits de l'histoire nationale, empruntés aux recherches de M. l'abbé Faillon [1]. Nous aurions voulu compléter ce travail en exposant ce qui se rapporte aux hommes les plus considérables de France dont le nom se trouve lié à l'histoire du Canada ; mais comme les études publiées en ces derniers temps sur la plupart de ces personnages ne sont pas encore terminées, nous ne parlerons maintenant que de Colbert, dont on s'occupe beaucoup en ce moment.

M. Villenave et M. E. Forcade ont donné les renseignements les plus précieux sur Colbert. On trouve en M. Pierre Clément, auteur de sa vie et éditeur de ses travaux, le biographe le plus compétent et le plus complet.

Plus tard nous présenterons Philippe de Chabot, grand amiral de France, qui a eu le mérite insigne, après avoir désigné Jacques Cartier au choix du souverain, de le soutenir en ses entreprises ; le président Jeannin, protecteur et ami de Champlain ; le grand

1. *Revue de Montréal*, 1877, pages 239, 278, 378, 363, 440.

"

Condé, qui a eu quelques rapports avec le pays; le cardinal de Richelieu, dont la correspondance et l'histoire montrent l'intérêt qu'il portait au Canada[1]; enfin le cardinal Mazarin, qui a eu sa part d'influence, et qui d'ailleurs avait une grande idée de l'importance des colonies. Rien ne nous semble plus intéressant que d'exposer cette galerie des ancêtres du pays, et commencer par Colbert, c'est l'ouvrir par le plus illustre de tous.

Il y a, d'ailleurs, un intérêt particulier à parler de Colbert, parce que dans son œuvre l'on trouve toute l'exposition des origines administratives de la Nouvelle-France.

L'histoire de l'administration d'un pays est le meilleur complément que l'on puisse ajouter à l'exposition des faits. L'esprit de cette administration et de ses développements est la raison de tout ce qui est arrivé et le secret de tout ce qui arrivera. C'est en étudiant ces bases de l'histoire que l'on se rend compte des accroissements et des développements d'une contrée, et que l'on peut avoir la prévision de ses espérances et de ses destinées[2].

Le fondateur de l'organisation de la Nouvelle-France fut un homme éminent, et pour le bien comprendre, il

1. Correspondance du cardinal de Richelieu, 8 vol. in-4°, publiée par le ministère de l'Instruction publique en France.

2. L'économie politique, par ses enseignements, peut donc rendre les plus grands services aux données de l'histoire, et l'étude des faits économiques a communiqué un caractère important aux travaux entrepris dans les derniers temps.

M. Boeck et M. Dureau de la Malle, avec leurs études administratives, ont éclairé d'un jour nouveau ce que l'on savait déjà de la civilisation grecque et romaine. M. de Savigny nous a fait pénétrer plus avant encore dans cette connaissance, en exposant la constitu-

est utile de voir comme il avait déjà fait ses preuves dans les circonstances les plus graves et les plus difficiles. Avant de s'occuper du Canada, Colbert avait tout renouvelé autour de lui par les seules ressources de l'administration. Il avait exercé une influence telle qu'il avait décuplé les richesses du pays confié à ses soins, et qu'il lui avait donné une puissance commerciale et industrielle qui le met encore au premier rang, après deux siècles de fonctionnement[1].

Nous montrerons d'abord quel était cet organisateur de la Nouvelle-France, et nous rappellerons les résultats merveilleux qu'il avait déjà conquis dans la mère-patrie. Ce sera une introduction convenable à l'exposition de ses institutions coloniales. Enfin nous terminerons en répondant à quelques critiques adressées à Colbert par M. Parkman, dans son ouvrage, d'ailleurs très-remarquable, intitulé : THE OLD REGIME IN CANADA.

I

Colbert est né à Reims le 29 août 1619. Il reçut au baptême le nom de Jean-Baptiste, nom qui est cher — à un autre titre encore — au Canada[2]. Il fut élevé dans un collége ecclésiastique, et c'est là qu'il prit ces habitudes de travail, de modération et de simplicité dont

tion de l'impôt et le colonat chez les anciens. M. Laboulaye, en donnant l'histoire du droit de propriété, nous a montré ce que les principes de l'économie ajoutent à la connaissance de l'histoire politique. (Eugène Forcade : *Notice sur Colbert.*)

1. Geffroy : *Introduction à l'Histoire de Colbert*, de M. P. Clément.

2. Le patron de la Nouvelle-France qui est honoré solennellement chaque année, est saint Jean-Baptiste.

il ne se départit jamais. Son père, le destinant au commerce, l'envoya à l'âge de seize ans chez des banquiers florentins, à Lyon, qui était dès lors la ville la plus commerçante de France[1]. On vit plus tard comme il avait profité de ce premier apprentissage. A dix-huit ans il vint à Paris, où il avait un oncle, chef de division au ministère de la guerre, lequel augura bien de son aptitude et le fit entrer dans ses bureaux. Pour un homme ordinaire, c'eût été l'introduction à une impasse, mais pour Colbert, ce fut le commencement d'une fortune. Bientôt Michel Le Tellier, chef du ministère et allié aux Colbert, reconnaissant dans ce jeune commis des qualités rares pour le travail, l'enleva à son oncle et l'attacha à sa personne. Colbert, en effet, s'était fait remarquer déjà par une pénétration extraordinaire pour les affaires, par une application que rien ne pouvait lasser, et en même temps, malgré sa jeunesse, par un ton de gravité et de sérieux qui l'ont distingué si particulièrement toute sa vie.

On voit, comme en ces temps de priviléges, le vrai mérite pouvait se faire apprécier ; on le verra encore mieux, lorsque Colbert se trouvera en rapport avec les plus hauts dépositaires de l'autorité gouvernementale.

D'ailleurs, il était impossible de répondre mieux à ces commencements heureux que ne le fit Colbert. Ce n'était pas un homme à se reposer sur le succès, quel qu'il fût, ni à se confier aux promesses de la faveur. Il s'imposait un travail continuel ; il ne reculait devant aucune occupation, et comme il savait ce qu'il lui man-

---

1. Ozanam : *Discours au Cercle commercial de Lyon.*

quait sous certains rapports, il y suppléait par une
persévérance infatigable; enfin il n'abandonnait jamais
ce qui lui avait été confié, sans l'avoir amené au plus
haut point de perfection qu'il pouvait lui donner. Il
voyait dans chaque étude un moyen d'étendre ses
connaissances et de les rendre plus complètes. S'il
avait attiré l'attention du ministre par ses qualités, il
gagna ensuite toute sa confiance par le zèle avec lequel il
répondit à sa bienveillance. Du reste, il ne se refusait
pas tout repos, mais il l'appliquait à des choses utiles.
Il étudiait la science financière des étrangers — science
dont il avait pris connaissance chez ses premiers pa-
trons, les banquiers florentins de Lyon — ; il se mettait
au courant de la situation industrielle et commerciale
des différentes provinces. Enfin, pour bien faire connaître Colbert, il faut encore signaler le goût prononcé
qu'il eut dès sa jeunesse pour les sciences et pour les
arts : il les étudiait avec soin dans ses moments de
loisir, et c'est ce penchant naturel qui explique tout un
côté de son administration, lorsqu'il fut arrivé à la
tête des affaires. Nul premier ministre ne protégea plus
que lui les savants, les lettrés, les artistes, et l'on sait
comme il les fit combler de faveurs par le souverain [1].

Il était donc devenu l'homme de confiance du ministre Le Tellier. Ce n'était que le prélude de bien
d'autres faveurs. Colbert rédigeait les notes que le ministre envoyait au cardinal Mazarin; plus tard il fut
chargé d'aller les présenter lui-même et de donner au
premier ministre les explications nécessaires. Or, le

1. P. Clément : *Histoire de Colbert*, chap. 1er.

cardinal se connaissait en hommes comme personne au monde : il apprécia bientôt le mérite du jeune commis ; il lui confia plusieurs missions importantes, ensuite il le fit nommer conseiller d'État, et enfin il l'attacha à son cabinet particulier. Colbert avait alors vingt-sept ans et se montra digne, plus que jamais, de l'estime des hommes éminents qui l'employaient.

Quatre ans après, c'est-à-dire en 1651, de graves circonstances signalèrent en Colbert des qualités encore plus précieuses que tous les dons du talent et de l'intelligence. Mazarin avait à lutter contre de redoutables oppositions : les grands n'aimaient pas un gouvernement qui diminuait leurs anciennes prérogatives, le peuple souffrait impatiemment le joug d'un étranger. Mazarin, voyant l'irritation au comble, malgré la sagesse de ses mesures et le succès de sa politique à l'extérieur, crut devoir céder à l'orage, et il se déroba par la fuite aux attentats de ses ennemis.

Pendant sa disgrâce, son secrétaire lui demeura entièrement fidèle, et par sentiment de reconnaissance, et par l'intelligence qu'il avait de la futilité des reproches que l'on faisait à son protecteur. Il resta en correspondance avec Mazarin, qui s'était réfugié à Cologne ; il l'aida de ses informations et de ses avis ; enfin, il se chargea des communications que le cardinal lui envoyait pour les personnages les plus importants de la cour[1].

Mazarin, vif et sensible comme il l'était, fut très-touché de ces marques de fidélité ; aussi dès qu'il eut reconquis, l'année suivante, c'est-à-dire en 1652, sa première po-

---

1. Villenave : Article Colbert, *Biographie universelle.*

sition à la cour, il sut reconnaître le dévouement de Colbert, qui devint plus que jamais son confident intime. Il l'employait dans les affaires délicates et le consultait; il se plaisait à reconnaître ses notions sûres et profondes sur le commerce et sur la situation des finances; enfin il le choisit pour travailler avec lui, en présence du jeune monarque. Louis XIV, qui avait alors quinze ans, était d'un esprit sérieux et appliqué, et il voulait déjà se rendre compte de tous les rouages de l'administration de son royaume. Colbert soumettait à son appréciation les mémoires que le cardinal lui demandait sur différents sujets de commerce, d'industrie ou de finances. Nous en avons sous les yeux un qu'il rédigea à cette époque, qui est un chef-d'œuvre d'informations et de sagesse sur les réformes à introduire dans la répartition, la perception et l'emploi des impôts [1].

Dans ces réunions, Colbert, interrogé, exposait avec une entière liberté ses idées sur l'administration financière et sur les traitants qui ruinaient le pays par leurs exactions. Il revenait souvent à ses idées d'organisation, et il montrait au roi que l'ordre, dans les finances, est une base essentielle de la puissance et de la prospérité des empires. Ces idées rencontraient d'autant mieux l'adhésion de Louis XIV, que dans ce moment il était au plus haut degré de mécontentement contre le surintendant des finances. Le fameux Fouquet avait d'abord mérité la confiance par de brillantes qualités, mais depuis, entraîné par l'enivrement de la prospérité, il semblait conduire la France à la ruine, par le

1. P. Clément, chap. XI.

désordre de son administration, par son défaut de vigilance et par des profusions insensées.

Ces précédents nous font comprendre pourquoi le roi, à la mort du cardinal Mazarin, ne voulut pas remettre l'administration du royaume entre les mains du surintendant Fouquet, malgré ses talents extraordinaires, et le prestige qu'il exerçait sur les plus grands esprits, comme sur la multitude ; il préféra prendre Colbert, dont il avait apprécié les connaissances, la modération et l'austère probité. D'ailleurs, Mazarin avait su le recommander. On assure que le cardinal mourant avait dit à Louis XIV : « Je vous dois tout, sire, mais je crois m'acquitter en vous donnant Colbert. » Ce qui est certain, c'est que l'on voit dans le testament du cardinal la clause suivante : « Je donne à Colbert la maison où il demeure... et je prie le roi de se servir de lui, étant fort fidèle[1]. »

Le premier service que Colbert rendit au roi, ce fut de le débarrasser de Fouquet. Il en était temps pour prévenir de vraies catastrophes. Le surintendant, livré à l'ambition et au plaisir, imposait des taxes excessives, dépensait presque tout en frais de perception, faisait des emprunts ruineux, accordait des priviléges à tous ceux qui avaient sa faveur, retranchait tout sur les services les plus nécessaires, et faisait en même temps des dépenses extravagantes[2].

« Fouquet, dit M. Clément, avait un goût pour le luxe et le faste qui touchait à la folie. » Il avait rasé trois villages pour étendre sa propriété de Vaux, où

1. P. Clément : *Vie de Colbert*, t. I, chap. v.
2. Eugène Forcade : *Notice sur Colbert; Études historiques.*

les bâtiments étaient de Le Vau, l'architecte des Tuileries ; les Jardins, de Le Nôtre ; les décorations de Lebrun ; les ameublements, de Boule, et le reste de l'ornement composé des plus riches bronzes, marbres et tableaux de l'Italie. A la dernière fête qu'il donna, l'on vit figurer au repas trente-six douzaines d'assiettes d'or et un service également en or. Qu'on juge de l'irritation de Louis XIV, qui savait son peuple ruiné, ses armées négligées, ses palais en ruines et l'avenir sans issue.

Quelques jours après, Fouquet était arrêté et traduit devant le parlement. Colbert était libre désormais de réformer les abus suivant ses longues méditations et ses informations.

« Colbert a été un administrateur de génie, » nous dit le plus complet de ses historiens. Il est des temps où les intérêts de l'État ne demandent qu'à être surveillés avec sollicitude ; tout marche régulièrement. Si les circonstances le demandent, la sécurité publique permet de préparer avec lenteur les perfectionnements nécessaires. Voilà où en sont arrivés presque tous les États contemporains. Colbert n'a pas rencontré une tâche si facile, l'administration moderne a été créée par lui, il n'a rien trouvé de semblable.

D'abord, il eut à livrer un rude combat contre les bénéficiaires des abus existants[1]. Fouquet n'était pas le seul à redouter. Paris était rempli de percepteurs et de sous-percepteurs des taxes, qui avaient des agents par toute la France. On prenait les impôts à ferme, on pressurait les populations, presque tout se dissipait en

____

1. Eugène Forcade : *Études historiques.*

frais de perception. Louis XIV parle de ces trafiquants dans ses mémoires : « D'un côté, ils couvraient leurs malversations par toutes sortes d'artifices, et ils les découvraient de l'autre par un luxe insolent et audacieux ; mais ces hommes étaient puissants, nombreux, reliés ensemble par l'intérêt, sachant gagner la complaisance des dépositaires de la justice ; il n'était pas facile de les déposséder. » La Bruyère les signale dans un passage qui est célèbre : « Sosie, de la livrée a passé par une sous-ferme, et par l'abus qu'il a fait de ses pouvoirs, il s'est, enfin, sur les ruines de plusieurs familles, élevé à quelque grade ; devenu noble par une charge, il ne lui manquait plus que d'être homme de bien, une charge de marguillier a opéré ce prodige. »

Massillon désigne aussi ces traitants dans son sermon sur *le mauvais riche :* « Sortis d'une des moindres villes de Juda, venus à Jérusalem pauvres et dépourvus de tout... c'est par le trafic le plus vil et des voies suspectes qu'ils sont arrivés à l'abondance et à la prospérité. » Guy Patin, le chroniqueur souvent trop sévère et injuste, se rencontre ici avec le moraliste chrétien : « Tout le secret de ces gens-là, dit-il, est, tandis qu'ils ont bonne main, de prendre de tous côtés force argent, et enfin de faire banqueroute, non pas seulement à leurs créanciers, mais aussi à Dieu, à leur conscience et à leur honneur. » Ces traits peuvent donner une idée des ennemis que Colbert eut à combattre, et ils montrent aussi la liberté que le grand ministre avait pu conquérir pour les censeurs et les détracteurs du vice. Il n'est pas toujours permis d'en dire autant.

La tâche était difficile à entreprendre, mais Colbert était fait pour la lutte ! En vue de ce combat, il développa une énergie dure et opiniâtre, qui a paru aller parfois jusqu'à l'excès, mais qui annonce une nature vigoureusement trempée.

Pour pouvoir tout réformer, il fallait d'abord qu'il se rendît compte de tout ; aussi il s'entoura de commis capables, dévoués, laborieux, et il leur donna l'exemple avec une « constance formidable. » Il s'imposait un travail accablant, quatorze heures par jour, et parfois seize heures. Ses commis devaient arriver à cinq heures et demi, ils le trouvaient déjà occupé, et il en était ainsi toute l'année. Il était aussi sévère pour ses enfants que pour lui-même. Dans ses lettres, lorsqu'ils sont au collége, il s'attache à dompter leur caractère, à bannir les passions énervantes, à exalter et à commander le travail. Il leur dit « qu'ils doivent toujours se souvenir qu'ils ne seraient rien, s'il ne s'était pas imposé à lui-même la loi constante du travail, et d'un travail extrême. » Dans une autre lettre : « Vous m'interrogez, mon fils, sur la question de savoir s'il vaut mieux travailler le soir ou le matin ; je vous réponds qu'il faut travailler le matin et le soir... »

C'est grâce à cette application extraordinaire au travail qu'il a accompli tant de choses. Quand on examine ce qui subsiste de ses papiers originaux, on se demande avec étonnement comment cet homme a pu trouver le temps de penser et d'écrire en de telles proportions. Il était arrivé à la direction des affaires à l'âge de quarante-deux ans, et jusqu'à sa mort, il ne se ralentit pas. Pendant vingt-deux années, il n'est peut-être pas un jour qui n'ait laissé au moins une pièce composée ou revue par lui, et cela est vrai probablement de plusieurs services publics à la fois, finances, marine, commerce, etc.

Si l'on est désireux de savoir ce qui pouvait maintenir un pareil genre de vie, on répond que ce qui animait Colbert était la confiance du roi, la haute intelligence qu'il avait des résultats à obtenir, enfin une organisation de fer. Mais cette âme, si fortement trempée, était susceptible de sentiments élevés et tendres. Il remerciait Dieu chaque jour du succès qu'il lui avait accordé, et il paraît certain qu'il disait le bréviaire et qu'il lisait tous les jours quelques chapitres de la Bible. Il aimait ses enfants avec passion. Il était dévoué aux intérêts du peuple; il créa mille moyens d'occuper les travailleurs. Il gémissait lorsque ses entreprises ne réussissaient pas au gré de sa charité. On le surprit pleurant de ce qu'il n'arrivait pas, autant qu'il l'aurait voulu, à améliorer le sort des malheureux.

Il détestait les dépenses inutiles, mais il était disposé à tout sacrifier quand il s'agissait de conserver l'honneur de la France. Il disait au monarque : « Il faut épargner cinq sols aux choses non nécessaires et jeter les millions quand il s'agit de votre gloire. Un repas inutile de trois mille livres me fait une peine incroyable, et lorsqu'il est question de millions d'or pour la Pologne, je vendrais tout mon bien, j'engagerais ma femme et mes enfants, et j'irais à pied toute ma vie pour y fournir[1]. »

1. Extrait du plan tracé par Colbert en 1666.

Voyons comment il réalisa ses desseins si longtemps médités à l'avance.

Il commença par réformer les finances. Sully n'avait pu réussir à débrouiller ce chaos. Richelieu, distrait par d'autres soins, y avait renoncé. Mazarin s'était dissimulé le mal et le danger. Colbert tenta d'y remédier et de les atténuer autant que possible. En arrivant au pouvoir, il trouva le trésor vide, deux années de revenus consommées d'avance, le peuple accablé d'impôts, les frais de perception absorbant le revenu, les domaines royaux aliénés, les charges multipliées, les recettes sans règle, les dépenses sans mesure. Partout fraude ou désordre, malversation ou incapacité. Il recourut à des réformes radicales. Il diminua les gages des employés, qui étaient arbitraires; il régla les frais de perception; il supprima un grand nombre d'avantages qui étaient accordés à des favoris; il consacra une partie du revenu à racheter toutes les rentes qui étaient à un taux onéreux; il engagea les riches familles à renoncer à leurs priviléges pendant un certain temps; il fit contribuer plusieurs communautés religieuses qui avaient un revenu plus que suffisant pour leurs charges; enfin, il fit exclure de l'exemption d'impôts tous ceux qui s'étaient attribué faussement des titres de noblesse; il y en avait un grand nombre[1]. Il organisa ensuite les dépenses, il supprima une quantité d'emplois inutiles; il réduisit l'intérêt de l'argent; il créa une caisse d'emprunt pour abattre l'usure; enfin

---

1. On sait qu'en France les nobles ne payaient pas d'impôts, ils y suppléaient par le service militaire.

il s'occupa de chacun des éléments qui demandaient à être améliorés[1].

Nous ne saurions, dans le cadre que nous nous sommes assigné, énumérer toutes les mesures prises par le grand ministre, mais nous pouvons compléter cet exposé de ses œuvres en en montrant les résultats merveilleux.

Quand il arriva au pouvoir, les impôts étaient de 134 millions, et à sa mort ils n'étaient que de 122 millions, ce que l'on regardera comme une énorme réduction, si l'on considère que la France avait augmenté son territoire de plusieurs provinces; que l'argent avait accru de valeur, et que les denrées avaient haussé de prix. Mais ce n'est pas tout, il faut encore tenir compte à Colbert de ce qu'il avait créé ou amélioré plusieurs services très-onéreux, tels que ceux des troupes, de la marine, etc., ce que nous verrons tout à l'heure.

Enfin, à son entrée au ministère, la dette était de 52 millions, et les revenus de l'État de 80 millions; à son décès, la dette était réduite à 32 millions, les revenus étaient portés à 115 millions.

Or, pour apprécier la valeur de ces réductions d'une part, et de ces accroissements de revenus, d'autre part, il faut considérer les dépenses que Colbert avait eu à soutenir pour tous les départements dont il était chargé. Il avait eu à soutenir trois fois plus de troupes de terre et de mer que son prédécesseur; il avait construit cent vaisseaux de ligne et il avait mis la marine sur un pied qu'elle n'a jamais dépassé depuis; il avait couvert

1. Eugène Forcade, Villenave, P. Clément, etc., etc.

les frontières de la France d'un réseau de fortifications
qui avait demandé pendant dix ans une armée d'ou-
vriers et d'ingénieurs. Il avait soutenu la guerre contre
trois puissances étrangères, et il avait acquis, mais
non pas sans quelque compensation pécunière, plusieurs villes et trois grandes provinces, la Flandre, la
Franche-Comté, l'Alsace, par les armes. Il avait ré-
paré toutes les routes, négligées depuis longtemps; il
avait fait exécuter plusieurs canaux, entre autres, celui
du Languedoc, qui unissait deux mers; il avait bâti
Versailles, Marly, renouvelé les châteaux de Chambord,
de Blois, de Fontainebleau et d'Amboise. Enfin il avait
embelli les grandes villes du royaume. A Paris, il
avait bâti les Invalides, terminé le Val-de-Grâce, les Tuileries et le Louvre ; ouvert et planté les grands boule-
vards depuis la porte Saint-Honoré jusqu'à la Bastille.
L'énumération de toutes ces choses, accomplies en
vingt années, est si considérable, que, lorsqu'on se les
représente, on peut à peine croire qu'elles aient demandé si peu de temps. Cependant, ce n'est pas tout :
il faut encore rappeler combien il a protégé les sciences
et les arts, pour lesquels il avait un attrait particulier,
et qui devaient donner une si grande illustration au
règne de Louis XIV.

Nous allons donc compléter ce que nous avons dit
sur l'administration de Colbert, en résumant ce qu'il
a fait pour les lettres et les sciences.

Admirateur de Richelieu, Colbert estimait l'Académie française comme l'une des plus belles œuvres du
grand ministre; aussi la combla-t-il de faveurs; mais
il ne s'en tint pas là. Il voulut faire pour les arts et les

sciences ce qui avait produit tant de bien pour les lettres, et il créa l'Académie des sciences, celle des inscriptions et médailles, celle de musique et d'architecture. Enfin, il établit à Rome une institution des arts, à laquelle il donna le titre d'Académie de France. Il lui acheta un palais, et lui constitua un revenu. Toutes ces œuvres se soutenaient mutuellement et secondaient très-utilement les travaux des savants, des linguistes et des différents artistes. Après les avoir instituées, il voulut établir des trésors auxquels elles pourraient toujours recourir. En conséquence, il fonda des bibliothèques, des cabinets de médailles et d'estampes, des galeries de tableaux et de sculptures, sur le modèle de ce qu'il avait vu de plus riche et de plus précieux en Italie, dans un voyage où il avait visité les cours des princes et surtout les collections des souverains Pontifes.

Il avait un goût merveilleux pour toutes ces choses, et il prévoyait quelle supériorité elles donneraient à la France sur toutes les autres contrées dans les sciences, dans l'industrie, supériorité qu'il faut reconnaître encore après deux siècles.

Il faisait rechercher et acquérir partout, en France et dans l'Europe, un nombre considérable de livres rares, de manuscrits précieux, de tableaux et de sculptures célèbres. Les résultats de ces recherches sont remarquables : à l'entrée de Colbert au ministère, la bibliothèque royale renfermait 1,600 volumes ; au bout de vingt ans elle en avait 70,000. Le roi, en 1660, ne possédait que 200 tableaux ; à la mort de Colbert, on voyait 2,500 tableaux dans la galerie du Louvre, parmi lesquels 16 tableaux de Raphaël, 10 de Léonard de Vinci, 23 du Titien, etc.

Ces encouragements donnés aux sciences et aux arts eurent un avantage immédiat pour l'industrie. La France conquit le premier rang dans la texture et la teinture des étoffes de laine, de soie, les velours, et aussi dans le dessin et le relief des draps d'or et d'argent. C'est de Colbert que date la supériorité de Sédan et d'Elbœuf pour les draps; de Lyon et de Tours pour les étoffes de soie; de Saint-Maur pour les draps d'or. C'est lui qui a fondé la manufacture des Gobelins, la manufacture de la Savonnière et la manufacture de Sèvres. Il avait réuni aux Gobelins et à Sèvres une quantité de peintres, d'orfèvres et de sculpteurs. Pendant qu'il faisait exécuter les plus riches tapis, les plus belles porcelaines qu'on pût trouver dans toute l'Europe, les sculpteurs et les orfèvres fabriquaient ces meubles, ces cabinets merveilleux destinés aux résidences royales, et que tous les souverains demandaient aux prix les plus élevés.

Il faisait pensionner le talent et la science autant que le trésor royal le permettait. Ses munificences ne se bornaient pas à la France; elles allaient atteindre le mérite dans les différentes nations, même chez celles avec qui le roi était en guerre.

Nous n'avons fait que résumer cette suite d'œuvres merveilleuses, puisque ce n'est qu'une partie de notre sujet, mais nous en avons assez dit pour faire connaître l'homme d'État, le grand citoyen et le chrétien. Sous ce rapport, sa fin, arrivée en 1682, fut digne de tout ce qu'il y avait eu de plus exemplaire dans sa vie.

On sait que, par un zèle aveugle et un amour exa-
géré des prérogatives royales, il s'était laissé entraîner
à des difficultés très-regrettables avec le saint-siége;
mais dans ses derniers jours il revint sur ces entraîne-
ments. Il avait choisi pour directeur de sa conscience
un grand serviteur de Dieu, tout dévoué aux intérêts
de l'Église, le P. Bourdaloue. Il est probable que celui-ci
lui fit comprendre combien il devait déplorer ses ten-
tatives téméraires contre l'autorité de l'Église. C'est ce
que l'on peut induire des paroles qu'il répétait souvent
en mourant : « Ah! si j'avais fait pour Dieu ce que
j'ai fait pour mon souverain, je serais sauvé deux fois,
et je ne sais ce que je vais devenir. »

Dans ce moment suprême, l'affection qu'il portait
au roi avait tellement fait place à d'autres préoccupations, qu'ayant reçu une lettre de Louis XIV, il ne
voulut pas prendre le temps de la lire : « Maintenant,
dit-il, je ne peux plus entendre parler du roi; c'est au
roi des rois que j'ai à répondre. »

Il en était de même de ses sentiments pour sa famille, qu'il avait tant aimée et pour laquelle il avait
tant travaillé. Comme sa femme voulait l'entretenir
d'intérêts temporels, il lui dit avec une certaine impa-
tience : « Mais, madame, ne me laisserez-vous pas le
temps de mourir? »

Nous avons dit quelle sollicitude Colbert avait toujours eue pour les intérêts du peuple et pour le soula-
gement des malheureux : il trouva chez lui la seule
récompense qu'il pouvait en attendre. Le peuple, qui
avait fait une révolution pour le conseiller Broussel, un
homme insignifiant et sans portée; qui s'était donné

pour chef le duc de Beaufort, un gentilhomme élégant et inutile; qui avait blâmé la condamnation de Fouquet, ce déprédateur prodigue et concussionnaire; le peuple poursuivit de ses préventions et de son ressentiment la mémoire de celui qui avait toujours été son bienfaiteur et le plus zélé de ses défenseurs. On n'osa célébrer les obsèques de Colbert qu'au milieu de la nuit, et l'on environna de gardes son cortège funèbre. Pendant plusieurs jours, des libelles furent répandus contre lui[1]. Ingratitude trop fréquente, hélas! de la multitude, qui poursuit souvent ses bienfaiteurs de sa haine aveugle, mais implacable, jusque au-delà de la tombe.

Colbert était d'une taille ordinaire. Il avait une tête carrée et forte, le teint clair et mat, des traits grands et réguliers, relevés par une expression de résolution et d'énergie. L'œil était perçant sous des sourcils épais. Ordinairement il avait l'air grave et sérieux. Quand il le voulait, il savait prendre une expression remarquable de bonté et d'intérêt; mais quand il était contrarié et que quelque chose l'importunait, son regard devenait dur et sévère; il fronçait le sourcil d'un air tellement redoutable, qu'il mettait en fuite les solliciteurs les plus audacieux.

Le roi le plaisantait parfois sur sa gravité dans les choses les plus ordinaires; mais, en même temps, il

1. Voici un des quatrains qui se chantaient dans les rues :

Ci gît le père des impôts,
Dont chacun a l'âme ravie ;
Que Dieu lui donne le repos
Qu'il nous ôta pendant la vie.

lui témoignait une confiance entière et la plus grande déférence. Il lui reprochait, mais d'une manière affectueuse, sa tournure et ses façons bourgeoises : il disait aussi en souriant : « Voilà M. Colbert. Il va bientôt nous dire : *Ce grand cardinal Richelieu!* »

Son costume répondait à son apparence austère. Il était toujours vêtu de noir, d'un pourpoint long et d'un manteau ample ; il avait un collet blanc sans dentelles, un chapeau uni sans ornement.

Mais sous cet aspect simple, il y avait l'un des plus grands génies de ce grand siècle, et sous cette physionomie rude, une âme délicate et noble, qui savait comprendre les hommes et tout ce qu'il y a de plus élevé.

Nous avons fait connaître Colbert par ce qu'il a accompli en France ; il nous reste à montrer ce qu'il a réalisé au Canada. Ce n'est pas assurément la moindre de ses œuvres, que la part considérable qu'il a prise à l'établissement d'une si vaste contrée, et aux origines de cette nation, qui a grandi si vite et dont rien n'a encore pu ralentir la marche rapide dans les voies du progrès.

<h2 style="text-align:center">II</h2>

L'un des signes les plus caractéristiques des grandes vues de Colbert, est l'importance qu'il attacha aux colonies.

Ce grand homme sut saisir la portée des vastes entreprises auxquelles elles donnaient lieu.

Avant lui, la France avait déjà quelques établissements coloniaux : elle occupait en Afrique le Sénégal, la Guinée, l'île de Madagascar, l'Ile-de-France, l'île Bourbon, plusieurs points sur les côtes des Indes, ainsi que dans le détroit de la Sonde; en Amérique, elle possédait la Martinique, la Guadeloupe, et Saint-Domingue (Antilles); enfin, les Français étaient déjà installés dans le golfe et sur les rives du Saint-Laurent; mais on peut bien dire que c'est grâce à l'organisation puissante créée par Colbert, que la Nouvelle-France était devenue, au commencement du XVIIIe siècle, une domination qui formait, nous dit Dussieux, un immense triangle allant, d'une part, de l'île de Terre-Neuve aux Montagnes Rocheuses, et de l'autre jusqu'à la Nouvelle-Orléans, présentant ainsi huit cents lieues sur chaque face, c'est-à-dire plus de 300,000 lieues carrées, ou plus de onze fois la surface de la France.

Il est vrai que cette domination n'a pas duré, qu'elle a succombé, victime de circonstances imprévues. M. Parkman prétend que c'est par suite de l'excès de centralisation dans le système administratif : on pourrait plutôt penser que c'est l'abandon des règles posées par Colbert qui a produit cette catastrophe. Quoi qu'il en soit, la première organisation était bien puissante, puisque la Nouvelle-France a subsisté malgré toutes les vicissitudes qui pouvaient la détruire. Elle est restée dans l'isolement, dans l'oubli, mais inébranlable; et tandis qu'elle reposait inconnue au fond de ses forêts, comme dans un sommeil de mort — repos de la résignation à la volonté divine, repos plein de vie et de force —, elle grandissait plus qu'aucune autre contrée. Elle rappelle, nous dit M. Rameau, cette légende merveilleuse qui charmait nos pères : *L'enfant des rois dormant au fond des bois*. Après un siècle d'obscurité et de silence, tout à coup elle se révèle à l'Europe étonnée et lui montre une population de 1,600,000 Français, groupés sur les rives et aux environs du Saint-Laurent, c'est-à-dire dans le Canada, les États de New-York, et du Massachusetts, le Nouveau-Brunswick, la Nouvelle-Ecosse, etc.

Du reste, quand nous parlons de la part que les institutions administratives ont eue dans la conservation de la Nouvelle-France, nous ne méconnaissons pas celle qu'y eut la religion. Ces institutions avaient une fin religieuse : la propagation et le maintien de la foi ; c'est ce qui a fait leur succès, et ce qui ajoute une gloire de plus à celui qui les a préparées et données.

Colbert, en entrant au pouvoir, fut frappé de l'importance de cette nouvelle France, et l'avenir lui a donné raison contre bon nombre de détracteurs. La fertilité des rives du Saint-Laurent promettait pour le Canada d'aussi grandes ressources que la France elle-même en trouve dans son sol, et lui assurait des richesses plus grandes que ne sont les métaux précieux pour les autres contrées de l'Amérique. Convaincu de l'importance de ces ressources, Colbert songea à soutenir cette contrée par tous les moyens dont il pouvait disposer, au milieu des guerres européennes. Il envoya pour la défendre les meilleurs soldats qu'il y eût dans l'armée, les soldats de Turenne ; pour la gouverner, des hommes éminents, tels que M. de Tracy, M. de Courcelles, M. de Frontenac, M. Talon, M. Bouteroue. Enfin, il prit les meilleures mesures pour augmenter l'importance de la colonie; il fit faire des excursions sur le Mississipi et jusqu'aux Montagnes Rocheuses; il procura l'ouverture de voies de communication pour appuyer les différents établissements par des relations mutuelles — une route devait relier Québec avec Port-Royal, une autre se diriger vers le golfe du Mexique; — enfin, des échanges furent établis entre les possessions francaises du Nord et celles des Antilles, qui pouvaient s'aider mutuellement, vu la différence de leurs productions.

Nous ne pouvons mieux faire apprécier l'intelligence que ce grand ministre avait des besoins et des ressources du Canada, qu'en résumant la première instruction qu'il remit à M. Talon, lorsque celui-ci reçut sa mission d'intendant [1].

« Avant de partir, M. Talon devra voir les Pères Jésuites qui sont allés au Canada et deux membres du conseil de Québec qui sont à Paris en ce moment : M. Bourdon, procureur général du conseil, et M. Louis Rouer de Villeray, conseiller, desquels il tirera tout ce qu'ils peuvent savoir du Canada. Il devra aussi lire les instructions qui ont été données à M. de Tracy et les différents arrêts rendus par le Conseil souverain sur la concession et le défrichement des terres, etc., etc. Il faut qu'il sache que les Iroquois s'étant déclarés les ennemis perpétuels et irréconciliables de la colonie, et ayant empêché, par leurs massacres et leurs cruautés, que le pays ne pût se peupler et s'établir, et tenant

---

1. L'intendant était le représentant du ministre dans la colonie, et le chef des trois services civils : la justice, la police et les finances. Il communiquait directement avec le ministre.

tout en crainte et en échec, le roi a résolu de porter la guerre jusque dans leurs foyers pour les exterminer entièrement, n'y ayant nulle sûreté en leur parole. A cet effet, il envoie le sieur de Tracy avec quatre compagnies d'infanterie, et le sieur de Callières avec mille bons hommes du régiment de Carignan ; et il y adjoindra trois à quatre cents soldats du pays qui savent la manière de combattre de ces peuples sauvages. L'intention du Roi est que l'intendant assiste aux conseils de guerre et qu'il soit informé de toutes les mesures qui s'y prendront, pour pouvoir subvenir à tous les besoins des troupes, et quand l'expédition sera finie, il devra encore songer à fournir les forts qui seront alors construits dans le pays ennemi, pour prévenir tout retour des sauvages. Etant à Québec, il devra s'informer de tout ce qui concerne l'administration de la justice, et de ce qui regarde l'état des familles, afin que s'il y avait quelque chose à redresser, il le fît même avant l'expédition chez les Iroquois, sans plus attendre.

» Il faut que l'intendant sache bien que la justice est établie pour le bonheur des peuples et l'accomplissement des intentions principales du roi, et qu'il veille à ce qu'elle soit rendue par le Conseil avec intégrité, sans cabale et sans frais. Enfin, bien que l'intendant ait le pouvoir de juger seul souverainement et en dernier ressort les causes civiles, il est bon qu'il ne se serve de ce pouvoir que rarement, laissant leur liberté aux juges établis. Il doit établir une bonne police pour contrôler l'administration des deniers publics, la culture des terres, l'organisation des manufactures. Il en disposera les règlements sur l'exemple de ceux qui sont en vigueur en France, mais après avoir consulté les principaux du pays. Il faut qu'il connaisse bien le revenu du pays, l'emploi des deniers, les dettes déjà contractées, afin qu'il remédie à tout. Il doit particulièrement observer que les habitants s'étant établis à des distances trop grandes, on ne peut leur venir en aide en cas d'alerte et ils ne peuvent non plus se porter secours. Désormais les défrichements seront faits de proche en proche. En conséquence, il faut ramener autant que possible tous ceux qui se sont trop éloignés, et enfin, pour l'intérêt de la colonie, il faut retirer une partie de leurs lots à ceux qui en ont plus qu'ils n'en peuvent occuper, cultiver et défendre ; on les donnera à de nouveaux arrivants.

» Il faut que l'intendant s'occupe de faire préparer des terres et des habitations pour celles des nouvelles familles qui n'auraient pas d'autres ressources, au moins trente ou quarante habitations chaque année. Enfin, le roi, considérant tous ses sujets du Canada, depuis le premier jusqu'au dernier, comme ses propres enfants, et désirant satisfaire à l'obligation où il est de leur faire ressentir la douceur et la félicité de son règne, l'intendant s'étudiera à les soulager en toutes choses, et à les exciter au travail et au commerce, qui seuls peuvent les soutenir en ce pays, et d'autant que rien ne peut mieux y contribuer qu'en entrant dans le détail de leur intérieur : il est à propos qu'il visite toutes les habitations les unes après les autres, pour voir ce qu'il en est, et, de plus, qu'il pourvoie à toutes leurs nécessités, afin qu'en faisant le devoir d'un bon père de famille, il puisse leur donner les moyens de subsister et même d'étendre leur exploitation sur les terres voisines de leurs propriétés.

» Il verra à établir des manufactures, et à attirer des artisans pour les choses les plus nécessaires dont on trouve les matières premières si abondamment dans le pays, et dès lors on ne sera plus obligé d'y importer à grands frais de la toile, des draps, des coiffures et des chaussures, et on peut compter pour cela sur l'aide du roi qui est persuadé qu'il ne peut employer une forte somme d'argent à un meilleur usage.

» L'intendant verra encore si les terres rapportent beaucoup de blé, et s'il excède ce qui est nécessaire à la consommation des habitants ; il verra à destiner un certain nombre de terres à la culture du chanvre et des légumes. »

Viennent ensuite plusieurs recommandations relatives à l'inspection des bois, à l'emploi des plus beaux arbres pour la construction et la mâture des vaisseaux.

Enfin, la lettre donne à l'intendant des avis sur les bons rapports qu'il doit avoir avec le clergé ; on lui représente que le conseil royal a fixé à un vingtième la dîme due au clergé ; et si l'intendant trouvait que ce chiffre fût encore trop fort, il est autorisé à le réduire pour l'avantage des habitants ; Sa Majesté s'engageant à y suppléer elle-même pour ce qui serait nécessaire à l'entretien du séminaire et des prêtres qui le composent.

M. de Bouteroue, qui vint remplacer M. Talon pour deux ans, en 1668, reçut de nouvelles instructions qui entrent encore dans de grands détails. Cette pièce, conservée à la Bibliothèque nationale, est de la main même de Colbert.

« Saint-Germain, 5 avril 1668.

» L'intendant, en arrivant, doit faire le recensement de tous les habitants du pays, faire tenir registre des baptêmes, décès et mariages ; renouveler le recensement chaque année ; prendre tous les moyens possibles pour l'augmentation de la population, mariages, immigrations, etc. Il doit tenir à l'administration, fidèle et sans frais, de la justice, bannir les chicanes, les divisions, les contentions ; visiter souvent les familles et les assister, prendre soin des malades, chercher les remèdes aux maladies du pays ; convaincre ceux qui souffrent que leur conservation est très-chère au Roi et très-nécessaire au public ; observer la conduite des juges et des autorités, les avertir s'il est nécessaire ; exciter le peuple au travail, lui en fournir tous les moyens en donnant des terres, en établissant des manufactures, etc., etc., et en particulier des pêcheries sur le Saint-Laurent, qui pourraient être si productives ; établir des relations avec les îles des Antilles en y portant du poisson, des viandes et les bois dont elles ont besoin ; rechercher les mines et les mettre en exploitation ; s'occuper de la conservation et de la multiplication des bestiaux ; envoyer à la Rochelle tout ce qui peut convenir à la construction et au gréement des vaisseaux, comme chanvre, fer, plomb, charbon de terre, bois de toutes sortes et de toutes dimensions ; observer la conduite des dépositaires de l'autorité, ne prendre jamais parti dans leurs divisions, afin d'être plus en état de concilier les esprits ; rappeler aux sauvages, pour les attirer au christianisme, qu'il a été statué par le cardinal de Richelieu que tout sauvage amené à la profession de la religion acquiert tous les droits de la nationalité française dont il pourra jouir au Canada et même en France, s'il y venait résider ; examiner avec soin le tort qui est produit par le commerce du vin et des eaux-de-vie. »

Colbert, dans un arrêt rendu plus tard, ordonna d'établir des brasseries pour remédier à l'usage dangereux des boissons fortes, et enfin il y eut un arrêt du Conseil royal pour prohiber à tout jamais la vente des boissons.

Nous avons fait ces extraits pour montrer quel soin Colbert donnait aux moindres détails. Toutes les autres dépêches respirent le même zèle ; elles forment un ensemble que nous allons résumer en quelques points qui montreront sur quels sages principes reposait cette organisation si puissante et si salutaire. Nous verrons les moyens qui furent pris pour augmenter la population, pour encourager l'agriculture, le commerce et l'industrie, et enfin pour développer l'instruction morale et religieuse.

Il est vrai que la population de la Nouvelle-France n'atteignit jamais le chiffre de celle des colonies anglaises, mais ce fait contribua à la réalisation des vues du gouvernement, qui voulait surtout une population choisie, dévouée et exemplaire. En Angleterre, la Réforme avait supprimé les couvents ; le peuple, privé tout à coup des immenses ressources qu'il trouvait dans les libéralités des religieux, tomba dans une misère dont on ne peut se faire une idée, même en voyant la plaie du paupérisme qui ronge encore les pays protestants. C'est ce qui explique, du moins jusqu'à un certain point, l'empressement que le peuple avait d'aller s'établir dans les colonies pour fuir la famine et la détresse. Il n'en était pas ainsi en France : Colbert ne put envoyer que les colons qu'il choisissait et auxquels il offrait des compensations suffisantes pour les sacrifices qu'il leur imposait. Le résultat, d'ailleurs, était avantageux pour la moralité de la colonie : on n'y vit arriver que des familles recommandables. Le pays présenta bientôt un spectacle unique dans l'histoire des émigrations; il rappelait les premiers âges de l'Église. Chacun des établissements, peu nombreux il est vrai, offrait aux sauvages tous les exemples de la piété et de la vertu que les missionnaires venaient enseigner à ces populations infidèles. Or, c'est là le but qu'on voulait atteindre avant tout, et il faut remarquer que, malgré leur faiblesse relative, les colons de la Nouvelle-France ont pu résister pendant un siècle et demi à toutes les agressions de leurs voisins, jusqu'au jour où, par la permission de la divine Providence, furent brisés tous les liens qui les rattachaient à la mère-patrie, qui abandonnait son ancienne mission et se laissait envahir par l'esprit d'impiété.

Etudions maintenant les moyens pris par Colbert pour développer la population. Nous en avons déjà dit quelque chose l'année dernière, en rendant compte de l'histoire de la colonie française, par M. Faillon[1]; mais nous allons ajouter de nouveaux renseignements.

1. *Revue de Montréal*, t. Ier, pages 368 et suivantes.

On songea donc à envoyer des hommes dont la détermination était assurée et sur la vertu desquels on pouvait compter. Aussi, presque tous sont restés dans le pays et y sont devenus les chefs des principales familles qui l'habitent maintenant. Ils ont laissé à leurs descendants les traditions précieuses de foi, de piété et du dévouement le plus complet à leur nouvelle patrie.

C'est surtout depuis l'entrée de Colbert aux affaires, en 1662, que l'on prit les moyens les plus efficaces pour atteindre ce but. Jusque-là on y avait établi mille colons. En 1662, on promit de fournir trois cents chefs de famille chaque année, pendant dix ans. Avec M. de Tracy et M. Talon, on fit passer mille hommes, dont la plupart s'établirent; et en 1669, six compagnies d'infanterie qui restèrent. En même temps on envoyait des jeunes filles, choisies avec soin, de bonne famille et de bon exemple, ayant une santé capable de résister au climat et aux plus rudes travaux. Il y en vint ainsi cent et deux cents par année, depuis 1660 jusqu'en 1680; et pour maintenir le bon ordre dans la colonie, on n'accordait à personne licence de métier ou permission d'aller trafiquer avec les sauvages, que s'il se mariait et prenait un établissement.

Grâce à ces dispositions, le pays s'accrut considérablement. Lorsque Colbert fut chargé de l'administration, en 1660, on ne comptait au Canada que deux mille cinq cents personnes; en 1671, il y avait près de six mille âmes; sept cents enfants naquirent dans l'année. Québec avait douze cents âmes, Montréal quinze cents. En 1680, la population avait doublé et elle dépassait dix mille âmes. (*Histoire de Colbert,* par

Clément, tome Ier, page 520.) Il convient de mentionner la part que Mgr de Laval a prise à l'accroissement de la colonie. Il y consacra sa fortune, qui était considérable, et il ne se réserva rien. Le séminaire de Montréal y contribua largement; en 1660, il avait déjà fourni un million et il fournit presque autant dans les vingt années suivantes.

Malgré les immenses avantages que l'agriculture présente, on l'avait complétement négligée dans ce pays. Les premières compagnies ne pensaient à s'occuper que de l'exploitation des fourrures; c'est Colbert qui donna le premier *l'impulsion à la culture du sol;* il était persuadé qu'une colonie doit, avant tout, se soutenir par elle-même. Il dit souvent dans ses lettres que l'on doit encourager la production du blé, que l'on doit varier les cultures; il envoie des bestiaux, des instruments de labour, des outils, et des hommes spéciaux pour en enseigner l'usage. C'est de ce temps que date l'introduction des chevaux, qui se sont multipliés si extraordinairement et qui sont pour le pays une grande source de revenu.

Le représentant du ministre, au Canada, obéissait à l'impulsion de son chef et donnait l'exemple. Tout autour de Québec, l'intendant Talon fit défricher des terres; il fonda la seigneurie des Islets; il y établit trois villages, l'un appelé le Bourg-Royal, le second Bourg-la-Reine, le troisième Bourg-Talon.

Sur les terres voisines, il établit à ses frais plus de douze cents colons.

Colbert, qui se faisait rendre compte de l'état des terres par les hommes les plus compétents, jugea que les rives du Saint-Laurent et toutes les contrées voisines étaient, non-seulement égales en fertilité au sol de la France, mais encore bien supérieures à celui des possessions anglaises des bords de l'Océan ; jugement que l'expérience de deux siècles à pleinement confirmé. Enfin, pour assurer l'effet de ces premières mesures, il envoya des troupes en 1665. Leur arrivée donna une plus grande sécurité aux colons, et les dispensa du service des armes, qui prenait un temps considérable. Aussi les colons de Ville-Marie ne craignirent plus d'aller s'établir au coteau Saint-Pierre, au coteau Saint-Louis, à la rivière Saint-Pierre et au pied du courant[1].

Trois ans après l'installation des troupes, la relation

1. On trouve déjà dans ces premiers établissements des noms bien connus aujourd'hui au Canada : Prud'homme, Descaries, Hurtubise, Beaudry, Desmoulins, Renaud, Laviolette, Desautels, Boudrault, etc.,

En même temps l'Hôtel-Dieu établit ses hommes vers la montagne, où le séminaire lui donna quatre cents arpents de terre ; la même chose eut lieu pour le quartier de Sainte-Anne, aujourd'hui un des faubourgs de la ville. Dès que les troupes furent arrivées, d'autres colons allèrent s'établir plus loin, à la Longue-Pointe, à la Pointe-aux-Trembles, à Lachine, etc., etc. Voici les noms que nous trouvons : Desvignes, Moreau, Picault, Bellehumeur, Tessier dit Lavigne, Trudeau, Cadieux, Deschamps, Barbier, Meunier, Dagenais, Chicoine, Leblanc, Jodoin. L'année suivante, de nouveaux colons s'étant présentés, on donna des terres au-delà de la rivière Saint-Pierre ; nous trouvons les noms suivants : Thibaudeau, Lorrion, Gadois, Joliœur, Toussaint-Beaudry, Simon, Laplante, Beauvais. Tous ces noms subsistent encore et sont portés par des familles qui comptent des milliers d'individus.

Mais, comme plusieurs se faisaient concéder plus de terres qu'ils n'en pouvaient défricher, M. Talon, sur la réclamation des seigneurs, décréta que toute terre qui ne serait pas mise en culture d'année en année reviendrait au domaine seigneurial pour être concédée de nouveau. Crainte d'incendie, on ne brûlait pas les bois : on devait les mettre, sur le bord du fleuve, à mesure qu'ils étaient coupés, pour qu'ils fussent emportés au temps de la débâcle.

de 1667 dit : « Il fait beau voir presque tous les rivages du Saint-Laurent habités de nouvelles colonies sur plus de quatre-vingts lieues de pays, où l'on voit tant de nouvelles bourgades qui facilitent la navigation, qui la rendent plus agréable par la vue de quantité de maisons et plus commode par de fréquents lieux de repos. »

Comme complément de son système de colonisation, Colbert obtint du roi et fit distribuer des gratifications à ceux qui avaient montré le plus d'empressement pour l'établissement du pays ; ceux qui n'avaient pas besoin de ces encouragements reçurent des faveurs qui avaient alors le plus grand prix, des lettres de noblesse, comme M. Talon, M. Le Moyne, M. Boucher, M. de Lachenaye et M. de Tonnancourt.

Maintenant nous avons à parler des moyens que Colbert prit pour développer le commerce et l'industrie. Après avoir créé tant de nouvelles ressources pour la France, il comprenait bien quelle est l'importance du commerce pour une nouvelle colonie. Ces moyens étaient : 1° de la faire subsister par ses propres ressources ; 2° de la mettre en rapport avec les sauvages et de les attirer par des intérêts puissants ; 3° de la mettre en communication avec les autres colonies françaises et avec la mère-patrie, par une réciprocité de services.

Il vit d'abord l'utilité d'établir un grand chemin entre Québec et Port-Royal en Acadie, un autre par le Mississipi jusqu'aux nouveaux établissements sur le golfe du Mexique.

Le 5 août 1670, une expédition envoyée de Québec, par ordre de Colbert, arriva en Acadie par le chemin que l'on appelait Kennebec : elle avait d'abord remonté la rivière Chaudière, puis continué par un portage jusqu'à Moore-River et la rivière Kennebec, et de là, par un nouveau portage, jusqu'au bassin de Penobscot. L'expédition se composait de MM. de Grandfontaine, de Chambly, de Soulanges, de Villieu, de Saint-Castin, officiers du régiment de Carignan, qui ont laissé au Canada un nom illustre. Le chemin était tracé ; il fut utilisé quelque temps, puis abandonné. — Le nouveau chemin de fer suit la ligne indiquée par les agents du ministre Colbert.

Afin d'encourager la voie de mer avec les Antilles françaises et la France elle-même, Colbert donnait trente livres par tonneau importé, et quarante livres par tonneau exporté. C'était plus que le prix de transport. M. Clément nous dit, d'après le Père Lemercier, que M. Talon travailla avec un soin extraordinaire au développement du commerce, non-seulement avec les colonies françaises, mais avec les peuples étrangers d'Europe et d'Amérique. L'intérêt qu'il portait au commerce fut si grand que, la Compagnie des Indes n'ayant pu satisfaire à ses obligations, le roi, sur l'avis de Colbert, la supprima, quoique cette suppression dût lui coûter une somme énorme : il fallait rembourser le capital de douze cent mille livres et les avances, qui montaient à trois millions et demi.

Il y avait des branches de commerce importantes. La récolte du blé était beaucoup plus que suffisante pour les besoins de la colonie, et on pouvait en exporter de grandes quantités en France et aux Antilles ; le bois, le poisson, les fourrures donnaient un profit qui augmentait chaque année ; outre cela, on avait découvert des mines de fer, de cuivre, de charbon, que l'on croyait destinées à procurer de grandes ressources.

On envoyait des bois de construction et de mâture à la Rochelle ; en 1672, on construisit plusieurs vaisseaux. Il est à remarquer que, pour ouvrir un nouveau marché aux Antilles, Colbert avait prohibé la culture du tabac dans la Nouvelle-France. Il pensait qu'on pourrait se procurer du tabac d'une qualité supérieure à un prix modéré ; mais ses prévisions ont été trompées ; c'est le contraire qui a eu lieu.

Enfin Colbert connaissait aussi l'importance de l'industrie, et il savait quel profit un pays peut retirer en manufacturant lui-même tous les objets dont il a besoin. On encouragea la culture des chanvres, qui venaient très-bien, on établit des manufactures de cordes, de toile à voile, de serges : on recommanda aux écoles d'apprendre à filer aux femmes, aux jeunes filles et aux enfants. Enfin, on forma des établissements pour la fabrication des souliers, des chapeaux, la préparation des cuirs et des draps. M. Talon commença par faire bâtir une halle et une tannerie à Québec ; il s'en établit bientôt dans deux faubourgs de Montréal, qui ont conservé le nom de *Tannerie des Rolland* et *Tannerie de Bélair*. M. Talon encouragea aussi les fabriques de savon et de potasse et enfin plusieurs brasseries, suivant ses instructions. Colbert voulait ainsi supprimer la consommation du vin et des liqueurs fortes, ce qui devait avoir le double avantage de maintenir la tempérance et d'encourager l'agriculture dans le pays. Du reste, avant l'arrivée de Talon, il y avait des tanneries et des brasseries à Montréal. On commença aussi à établir des moulins à eau ; on fixa deux jours de marché par semaine pour soustraire les citoyens à l'inconvénient d'acheter des revendeurs. Si l'on considère que l'argent de ce temps valait au moins quatre fois ce qu'il vaut aujourd'hui, l'on verra que le prix des denrées et des services était à peu près ce qu'il est maintenant. Un minot de blé valait huit livres ; cent planches, cinquante livres ; le beurre, douze à seize sous la livre ; un bœuf, deux cent livres ; la journée d'un ouvrier, trente à quarante sous par jour ; les engagés recevaient trente à quarante écus par an.

En même temps que le ministre s'occupait du développement matériel de la colonie, il n'oubliait pas ce qui est la base de toute société durable, l'éducation morale et religieuse. Il comprenait très-bien que, pour rendre la colonie forte contre ses ennemis, et capable de se suffire à elle-même, il fallait que l'on donnât dans ces pays lointains une éducation qui fût au niveau de celle que recevait alors la population dans la mère-patrie : ainsi les colons seraient préservés de la dégradation et de la licence de la race sauvage, et armés contre les épreuves d'une vie d'isolement et de privations. Il fallait d'abord un degré supérieur d'instruction pour former des citoyens d'élite, les préparer à remplir les premières charges, et les rendre capables de tirer parti d'un pays qui a reçu une si large part des dons de la Providence. Mais il fallait aussi des hommes habiles dans chacun des métiers. C'est à quoi pourvut Colbert, soit en inspirant la fondation de nouveaux établissements, soit en favorisant ceux qui existaient déjà. Il y eut dès le commencement un collége pour les jeunes gens des premières familles, un petit séminaire pour ceux qui se destinaient à l'état ecclésiastique ; ces deux institutions avaient un cours régulier d'études, on y faisait des examens publics auxquels assistaient les principaux citoyens de la colonie. Les relations nous disent que M. Talon se rendait à ces séances et qu'il se faisait remarquer entre tous, par le talent avec lequel il argumentait contre les élèves sur les questions de philosophie et de théologie.

Les Ursulines, établies à Québec depuis trente ans, avaient beaucoup développé leurs œuvres ; on leur envoyait des élèves de plusieurs parties du pays ; et ce qui peut donner une idée de la perfection de leur enseignement, c'est que la plupart des mères chrétiennes et des femmes distinguées qui brillèrent plus tard dans la colonie, et qui parurent même avec avantage à la cour, avaient été formées chez elles[1].

Nous voyons par une lettre de Colbert, datée du 5 avril 1667, le zèle qu'il avait pour l'éducation religieuse et morale. Il envoie six mille livres pour l'éducation à Mgr de Laval, lui disant qu'il le supplie « de continuer ses bons soins pour l'éducation, parce que c'est le meilleur moyen d'établir la colonie et de servir Dieu et le Prince dans toutes les positions. »

Mgr de Laval fonda en outre une école des arts et

---

1. Nous pourrions encore en donner une preuve d'un autre ordre : ce sont les ornements d'église et les dentelles faits dans leur couvent, et que l'on conserve encore à Québec, ils sont d'une perfection rare. A Montréal, les dentelles, les peintures, les beaux ornements que l'on conserve à la Paroisse et à la Congrégation sont de la main de Mlle Leber, élève des Ursulines.

métiers pour former des sculpteurs, des entrepreneurs et des chefs de travaux.

III

Ces prescriptions de Colbert — 1° sur l'établissement du pays, 2° sur l'accroissement de la population, 3° sur l'agriculture, le commerce et l'industrie, 4° sur l'éducation morale et religieuse, 5° sur l'instruction libérale et industrielle — furent confirmées et suivies pendant tout le temps de son administration, c'est-à-dire pendant vingt ans, et servirent de direction à ses successeurs.

Remarquons, en passant, quel avantage avait sous ce rapport le vieux régime, jugé parfois si sévèrement. Il donnait le temps aux secrétaires d'État de fonder une politique basée sur l'expérience, de la suivre et de la perfectionner dans son application, puis de la léguer à leurs successeurs comme une doctrine éprouvée. A leur tour, ceux-ci cherchaient, non à prendre des mesures nouvelles et à faire triompher leurs propres idées, mais à continuer avec fidélité et désintéressement un système dont l'expérience avait montré l'excellence. Voilà ce qui est l'objet de l'admiration de nos politiques modernes, et ce qu'ont cherché à mettre en pratique, de nos jours, les pays qui ont le plus complétement adopté les principes du régime constitutionnel, comme l'Angleterre, et même la France, dans les années les plus prospères de son gouvernement, depuis la restauration jusqu'aux derniers événements.

Ces mesures, déjà si sages, furent appliquées avec

beaucoup d'habileté. L'autorité suprême était donnée
au gouverneur général, mais elle était sagement con-
trôlée par l'intendant, qui devait rendre compte de
tout, et qui communiquait directement avec le ministre.

Le gouverneur général, résidant à Québec, et nommé
*gouverneur et lieutenant général en Canada, Acadie.
Terre-Neuve et autres pays de la France septentrionale,*
commandait les troupes, traitait avec les sauvages et
avait la préséance dans les cérémonies. Il adminis-
trait tout le pays, depuis l'Acadie jusqu'au golfe du
Mexique, s'aidant des lumières d'un conseil dont l'é-
vêque et l'intendant faisaient partie. Celui-ci, nommé
*intendant général de la justice, police et finance en
Canada, Acadie, Terre-Neuve, et autres pays de la
France septentrionale,* avait sa part d'autorité. Il devait examiner les mesures du gouverneur, et en faire
rapport chaque mois au ministre d'Etat en France.
C'est ainsi que l'on avait prévenu les excès du pouvoir
absolu. L'intendant devait aussi prendre garde que les
conseillers n'abusassent de leur position pour des intérêts personnels.

L'administration, d'après M. Parkman, était pleine
de ménagements et de douceur ; elle était paternelle ;
et M. Parkman remarque qu'il y avait peut-être excès
de libéralité de la part du roi à l'égard des colons. Le
roi subvenait aux dépenses les plus considérables ; il
payait les troupes, les employés supérieurs ; il subven-
tionnait le clergé, bâtissait les églises, aidait les con-
grégations religieuses et les hôpitaux ; il soutenait
les personnes indigentes et venait en aide à chaque

branche de commerce et d'industrie ; parfois il allait au delà du nécessaire et il faisait ce que les colons auraient pu faire eux-mêmes.

Toute l'organisation, suivant M. Parkman lui-même, était la meilleure qu'on pût trouver pour répondre à la situation. Les soldats, choisis parmi les meilleures troupes de Turenne et de Condé, étaient en général animés du désir de travailler au triomphe de la foi ; la plupart s'établirent dans le pays, et laissèrent les traditions les plus pures à leurs enfants. Ce sont ces braves soldats et leurs descendants qui ont fait de si grandes choses en Amérique. Ils ont conquis un continent, et ces sauvages qu'ils ont soumis, ils se les sont attachés par les liens d'une sincère affection. Pendant un siècle, ils ont repoussé les attaques des colonies voisines, et ces adversaires qu'ils ont tenus en échec, ils ont conquis leur admiration, au point de devenir à leurs yeux des héros légendaires, et d'être chantés et célébrés par leurs plus grands écrivains : Fenimore Cooper, Washington Irving, Longfellow, Bancroft et Parkman.

Il fallait que les institutions qui les ont formés et conservés, eussent une certaine grandeur et une certaine puissance pour arriver à de tels effets. Ce vieux régime, que M. Parkman soumet parfois à de si vives critiques, avait donc son prix, et l'élément religieux, qui avait sa large part dans les vues de Colbert, n'a-t-il pas eu aussi sa large part dans le résultat et dans le succès ?

Il est vrai que, dès le commencement, il y eut, entre les colonies françaises et les colonies anglaises, une disproportion de population qui semblait assurer à celles-ci la prédominance et enfin le triomphe.

Mais le but des deux établissements n'était pas le même, et le gouvernement français ne songeait pas tant à augmenter la population qu'à la maintenir dans ses premières vertus. D'ailleurs, cette disproportion n'aurait jamais eu d'inconvénient, si les principes qui avaient présidé à l'établissement de la Nouvelle-France eussent été conservés. Le gouvernement avait en vue de n'envoyer que des sujets décidés à gagner les sauvages à la vérité, et à leur donner l'exemple d'une société vraiment chrétienne. Pour cela, il fallait une population bien choisie et il n'était pas nécessaire qu'elle fût nombreuse. Cela eût été contraire à la fin même de l'établissement, qui était de laisser aux peuples sauvages la possession de leurs domaines, de les civiliser et de leur faire connaître et pratiquer l'Évangile. La sévérité qu'on déploya à l'égard des Iroquois ne fut qu'un incident, qui cessa dès qu'ils eurent renoncé à leurs incursions, et cette sévérité ne fut jamais employée à l'égard des autres nations, plus pacifiques et plus morales.

Combien en était-il autrement pour les colonies anglaises ? Leur but était de s'emparer de tout le littoral, d'en chasser les indigènes, et de s'établir à leur place. Les premiers colons anglais arrivèrent en grand nombre dès le commencement du dix-septième siècle, dans des vues purement commerciales. Ils furent bientôt favorisés par des circonstances toutes particulières à l'Angleterre, c'est-à-dire l'émigration forcée de plusieurs partis religieux et politiques. Ces différents partis, qui avaient toujours vécu en lutte dans le Royaume-Uni, vinrent s'établir côte à côte sur les rives de l'Atlantique. De 1621 à 1634, les presbytériens, ne pouvant supporter le joug de l'église établie sous Élisabeth et Jacques Ier, arrivèrent au nombre de 30,000 dans le Massachusetts. Vers le même temps, les catholiques, encore plus maltraités que les presbytériens, vinrent s'installer dans le Maryland, au nord de la Virginie, au nombre de 40,000.

Depuis 1631 jusque vers 1650, ces deux émigrations formèrent une population de près de 80,000 âmes, lorsque la colonie française ne posédait que 2,000 habitants. En présence d'un groupe si considérable, l'Angleterre vit bientôt le parti qu'elle pourrait tirer de l'occupation complète de cet immense littoral, et elle décida d'y envoyer tous les détenus politiques et tous les prisonniers de guerre après la défaite de Charles II, en 1650, et la ruine du parti de Jacques II, vers 1680. Elle prit aussi une mesure qu'elle regarda comme très-économique : ce fut d'y transporter les malfaiteurs détenus dans les prisons de l'État. Ainsi elle n'avait plus à s'occuper de l'entretien des prisonniers, et elle vendait leurs services aux colons qui avaient besoin de bras. Il en résulta que, vers 1700, les colonies anglaises comptaient une population de 260,000 colons, tandis que les possessions françaises n'en avaient que 20,000. Mais cet accroissement hâtif eut de funestes conséquences; les colonies anglaises en furent singulièrement amoindries au point de vue moral et religieux.

La plupart des nouveaux déportés, vivant dans le désordre et le libertinage, firent baisser le niveau de la moralité générale. La santé, la force diminuèrent en proportion, et les grandes qualités que présentaient les colonies primitives des presbytériens et des royalistes, ne se trouvèrent plus que par exception dans les populations nouvelles.

En même temps, cette société démoralisée devenait moins intelligente et moins propre aux grandes choses.

La colonie française, au contraire, qui ne se recrutait que lentement, conservait les mêmes principes de religion et de moralité. L'on n'y envoyait toujours que des familles choisies, ayant l'idée d'aller concourir à une œuvre de dévouement. Et c'est ainsi que continuèrent à se recruter l'Acadie, le territoire de Québec, et la colonie de Montréal. Or, si cette population était petite en nombre, elle était assez considérable pour répondre au but que l'on s'était proposé. Les colons français, pleins d'énergie et de courage, s'étendirent en peu de temps sur tout le continent américain.

Si l'on avait à reprocher au gouvernement français de ne pas activer davantage la colonisation, on avait bien plus à reprocher au gouvernement anglais d'avilir les colonies et de compromettre leur avenir, en y envoyant une population dégradée, et en viciant dans leurs sources les qualités précieuses dont les premiers colons avaient doté la contrée à son berceau.

De là résulte un fait qui peut paraître inadmissible à bien des esprits prévenus, mais qui est affirmé même par les écrivains anglais : c'est que, sous le rapport des qualités morales et des qualités intellectuelles, les colonies anglaises étaient vraiment inférieures à la colonie française, tandis que, sous le rapport de l'activité, de l'intelligence et de la bonne organisation, la colonie française égalait toutes les colonies anglaises réunies.

Et d'abord, au point de vue moral, la colonie française, avec ses habitudes de religion, d'attachement à ses principes, ne connaissait rien du dévergondage qui existait chez ses voisins si mélangés; et au point de vue intellectuel, elle n'avait rien à envier à ses voisins. Les Canadiens avaient deux colléges de hautes études, dont le premier date de 1635, or le premier collége américain d'Harvard ne date que de 1637. Les deux institutions de la Nouvelle-France formaient des missionnaires intrépides et des officiers capables de lutter contre toutes les entreprises de leurs voisins. De Bienville, d'Iberville, de Sainte-Hélène, trois frères dont la famille fournit sept officiers distingués — nous dit M. Rameau — Hertel, de Portneuf, de Joncaire, de Villiers, le Ber de Senneville, de Tilly étaient nés au Canada et y avaient été formés. On sait ce qu'ils devaient aux établissements protégés ou fondés par l'autorité souveraine. Enfin les colons français avaient les qualités les plus propres à la vie des colonies. Au loin, en France, par exemple, on a pu le méconnaître; mais en Amérique, c'est ce que les ennemis du nom français ont le plus admiré. D'après leur propre témoignage, les colons anglais, sous ce rapport, n'étaient pas comparables aux Canadiens.

Les Bostoniens étaient lourds, apathiques et casaniers; ils avaient peu d'initiative. Ils ne pouvaient traiter avec les sauvages : ils ne savaient ni les rejoindre, ni les attirer, ni les gagner. Ils ne savaient pas former de nouveaux établissements. Ils avaient peu d'énergie et de ressource d'esprit. La recherche des satisfactions matérielles les rendait timides, lents dans les opérations, maladroits à attaquer, inhabiles à se défendre. C'est ce qui ressort des assertions mêmes de M. Parkman, qui seront reproduites tout à l'heure. Mais les Canadiens, qui subissaient la sainte influence que l'on réprouve quelquefois, étaient toujours disposés à payer de leur personne, et ils pensaient qu'ils n'avaient rien de mieux à faire que de donner leur vie pour le triomphe de la vraie foi, et cette vie de labeurs et d'entreprises les trouvait toujours dispos et dévoués.

Aussi, l'œuvre de ces quelques Français en Amérique, depuis 1660 jusqu'à 1760, est bien autrement considérable que celle de leurs voisins dans le même espace de temps.

Les Américains sont restés sur les bords de la mer et ne se sont pas aventurés au-delà des Alléganys. Les Canadiens, qui dès 1625, avec Champlain, visitaient les grands lacs, s'en allaient avec leurs trafiquants jusqu'aux Illinois, en 1660, et, en 1680, ils étaient établis au golfe du Mexique. Ils fondaient des établissements, à deux, trois et quatre cents lieues de la mer : Frontenac, Détroit, Michillimakinak, la baie Verte, enfin sur tout le cours du Mississipi, au centre de chacune des nations riveraines et dans les positions les plus avantageuses. Ils devaient ces succès à un esprit de ressource, à une force de résolution qui leur étaient propres. Et ces établissements n'étaient pas temporaires, et seulement des comptoirs de traite, mais les

missionnaires accompagnaient toutes ces expéditions.
Dès 1624, les récollets avaient évangélisé les tribus
établies entre l'Acadie et le Canada; les années suivantes, les jésuites avaient atteint l'extrême ouest.
En 1660, les sulpiciens s'avancent jusqu'aux Illinois.
Depuis 1664, les colons de Montréal s'établissent sur
le Mississipi et fondent des paroisses sur tout son
parcours. Enfin, vers 1700, les Montagnais et les Atti-
kamigues au nord avaient été évangélisés; au centre,
les Iroquois et les Algonquins; à l'ouest, plusieurs
tribus, et enfin tout le parcours du Mississipi.

C'est ainsi que les Canadiens, si disciplinés, si che-
valeresques, et guidés par les plus hauts principes,
occupèrent rapidement ce vaste continent. En même
temps qu'ils faisaient preuve d'une habile et puissante
organisation, ils avaient trouvé moyen d'environner
les frontières anglaises sur toute leur étendue, avec des
postes admirablement choisis, suivant le cours des
eaux, les plateaux, le confluent des vallées. Enfin, pendant qu'ils s'attachaient les nations sauvages, qu'ils les
disciplinaient et en tiraient le meilleur parti possible,
pendant la paix comme pendant la guerre, ils n'ont
jamais laissé entamer leur territoire, quoiqu'ils eussent
à lutter un contre cinq. Voilà ce que l'on contemple
pendant un siècle, c'est-à-dire pendant tout le temps
que les principes de Colbert ont dirigé le gouvernement
français et présidé à la conduite de la colonie.

Tel est le résultat de cette organisation dont Colbert
a été le chef et le premier inspirateur. C'est elle qui a
fait la force des Canadiens jusqu'à nos jours, et qui
leur a conservé cette noblesse de sentiments et ces qua-

lités morales que les prôneurs du progrès moderne devraient s'efforcer d'imiter, plutôt que d'en nier l'excellence et la supériorité.

Et si l'on doutait de la réalité de ces faits, nous pourrions renvoyer notre contradicteur aux considérations que M. Rameau a si bien exposées dans le septième chapitre de son histoire de l'Acadie; nous pouvons aussi les confirmer par les assertions de M. Parkman lui-même dans ses deux volumes intitulés : *The old regime* et *The New France under Louis XIV.*

IV

Tout ce que nous avons dit sur les institutions de Colbert et sur les qualités éminentes des colons formés par ces institutions, est appuyé sur les plus sûrs témoignages. Nous pouvons invoquer ici non-seulement bon nombre des écrivains de l'ancienne monarchie, mais encore les auteurs les plus récents, tels que M. Clément, M. Jules Gourdeault, M. Rameau, qui appartiennent à l'école nouvelle, et qu'on ne peut accuser de trop de complaisance pour le dix-septième siècle. Mais comme on pourrait encore les croire suspects de partialité, nous ne nous arrêterons pas à leur autorité et nous irons chercher la confirmation de ce que nous avons exposé, dans les assertions de M. Parkman lui-même, malgré ses préventions contre les institutions monarchiques. On va voir ce que l'on trouve en cet écrivain, si net et si judicieux, quand il ne se laisse pas influencer par des préjugés de sectes ou des questions d'intérêt national.

D'abord aux pages 172, 218, 285 du livre *The old regime,* il juge Louis XIV aussi favorablement que nos propres auteurs.

« Le roi, nous dit-il, pendant quelques années au moins, a bien gouverné au dedans et au dehors. » Il ajoute, il est vrai, que ces années furent courtes, mais il ne peut contester que les principes posés pendant ce temps furent constamment suivis jusqu'au déclin du règne suivant. Il dit encore que le roi avait une connaissance très-juste des hommes qu'il employait, mais « quand il n'était pas aveuglé par la passion et l'amour de la flatterie. » Néanmoins l'historien américain doit reconnaître que Louis XIV ne retira jamais la confiance qu'il avait donnée dès le commencement de son règne à Colbert, même lorsque celui-ci ne favorisait pas les penchants de son souverain au luxe et à la prodigalité. Les quelques nuages qui vinrent obscurcir à la fin son affection pour son premier ministre, ne l'empêchèrent pas de lui laisser la direction principale dans les affaires.

L'historien, à la page 218, admire le système de colonisation par l'armée, et il observe que ce fut cette mesure qui donna au caractère canadien « une empreinte si forte et si durable. » Enfin, à la page 284, il admet que le gouvernement était vraiment paternel, plein de sollicitude, et que si l'on avait un défaut à lui reprocher, « c'était un excès de complaisance et de bienveillance pour les intérêts des colons. »

Ce qui nous reste à dire est bien plus caractéristique : il s'agit des grandes qualités des colons canadiens.

Voici d'abord ce qu'on trouve dans le *Old regime,*
à la page 398 :

« Le système français avait au moins un grand
avantage, il favorisait l'élément guerrier. La population, formée en grande partie de soldats, était de plus
renforcée systématiquement par des recrues militaires.

» L'occupation principale de la population était un
continuel apprentissage de la guerre dans les bois.
Elle n'avait presque rien à perdre, et peu à faire, si ce
n'est à combattre et à courir la forêt. Ce n'est pas tout :
le gouvernement était essentiellement militaire. Le
chef était un soldat gentilhomme, souvent un ancien
et habile commandant ; ceux qui l'entouraient prenaient son esprit et se laissaient entraîner par son
exemple.

» Quant à la haute classe de la société, malgré sa
nullité politique, sa pauvreté, ses épreuves, ses habitudes mercantiles, elle était remplie de l'élan et de
toute la fierté de cette brave noblesse, qui regardait la
guerre comme la seule occupation digne d'elle, et qui
estimait l'honneur plus que la vie.

» Pour ce qui est de l'*habitant,* les bois, les lacs,
les cours d'eau étaient son lieu d'étude, et là, il était
écolier consommé. Forestier habile, adroit et hardi
canotier, toujours prêt à combattre, servant souvent
sans paye, ne recevant du gouvernement que ses pro-
visions et son embarcation, il était prêt d'avance,
en tout temps, pour toute périlleuse entreprise ; et
dans la guerre d'escarmouche et d'embuscade au milieu des bois, il y en avait peu qui pussent lui être
comparés. Un pouvoir absolu disposait de lui, et des

chefs expérimentés tiraient le meilleur parti de sa valeur redoutable.

» L'homme de la Nouvelle-Angleterre était précisément de la nature de ceux que Cromwell appelait ses « hommes de fer, » mais il avait peu de connaissance des bois. Sa position géographique le tenait loin des grands déserts de l'intérieur. La mer était son champ de bataille. Sans l'aide du gouvernement et en dépit de ses restrictions, il établit un commerce prospère, et s'enrichit du produit des pêcheries les plus éloignées, pendant que ses rivaux, les ayant à leur porte, les négligeaient. Il connaissait l'Océan, du Groënland au cap Horn, et les baleines du nord et du sud n'avaient pas de plus terrible adversaire.

» Mais il était trop homme de négoce pour prendre les armes sans de bonnes raisons, et, quand il se mettait à guerroyer, c'était pour répondre à quelque nécessité pressante du moment.

» Les troupes de la Nouvelle-Angleterre, au commencement, étaient composées de pêcheurs et de cultivateurs conduits par des bourgeois décorés de titres militaires, et dépendaient de la direction lente et irrésolue des réunions législatives. Les officiers n'avaient pas appris à commander, ni les hommes à obéir.

» Le remarquable fait d'armes de la prise de Louisbourg, la plus forte citadelle de l'Amérique, fut le résultat d'un coup de main hasardeux secondé par la chance la plus rare. »

Mais ordinairement il n'en était pas ainsi. Les colons anglais ne pouvaient se défendre contre les coups de main des Français, et quand ils en venaient à l'agression, quoiqu'ils eussent toujours soin de mettre en avant des forces supérieures en nombre à celles de leurs adversaires, ils étaient toujours repoussés avec des pertes effroyables, comme à l'attaque de l'amiral Phibs, sur Québec, échec qui inspire à M. Parkman la plus triste réflexion[1] :

« Le Massachusetts fit encore en cette circonstance sa méprise habituelle.

» Il avait cru bénévolement que l'ignorance et l'inexpérience pouvaient avoir raison d'un habile vétéran, et que le courage inculte de ses pêcheurs et de ses cultivateurs pouvait triompher sans discipline et sans direction. Les conditions mêmes de sa prospérité commerciale étaient contraires aux aptitudes militaires. Une république mercantile sans officiers exercés gagnera peut-être quelque victoire, mais ce ne sera jamais que par accident on par un sacrifice excessif d'argent et de vies humaines. »

M. Parkman dit encore à la page 394 du volume sur Frontenac :

« Quant à l'issue suprême de la lutte, il y avait un grand contraste dans l'attitude des deux puissances rivales : l'une était inerte et en apparence indifférente, et l'autre, pleine d'activité. Les colonies anglaises étaient éloignées les unes des autres, hostiles à la couronne, elles se jalousaient et ainsi elles étaient incapables d'agir de concert. Vivant de l'agriculture et du commerce, elles pouvaient prospérer dans une étendue limitée et elles n'avaient pas un besoin actuel de se répandre au-delà des Alléganys ; chacune de ces colo-

1. Frontenac, page 285.

nies était une agrégation d'individus occupés de leurs
propres intérêts et qui ne prenaient aucun soin de ce
qui ne les regardait pas personnellement. Leurs chefs,
choisis par eux-mêmes ou appointés par l'Angleterre,
ne pouvaient les déterminer à des entreprises dans
lesquelles le sacrifice était présent et le succès à venir ;
et l'indifférence de la cour anglaise, quoique utile sous
certains rapports, les rendait incapables d'une action
agressive ; car elles n'avaient ni troupes, ni commandant, ni organisation, ni habitudes militaires. Dans
des communautés si affairées, où le peuple gouvernait
tout, il n'était pas facile de faire la guerre, à moins
que ce même peuple ne la jugeât absolument nécessaire.

» Au Canada tout était différent. Vivant du commerce des fourrures, les colons avaient besoin de mouvement et d'espace ; leur position géographique déter-
minait une vie d'expéditions ; et cette vie d'expéditions
développait les dispositions aventureuses et remuantes
de ce peuple qui, vivant sous une règle militaire, pouvait être dirigé à telle fin que le gouverneur voulait. Le
système d'extension du territoire n'avait pas été conçu
à la cour ; il sortit du sol canadien et fut développé par
les chefs de la colonie qui, étant sur le terrain, virent
la possibilité et la nécessité de ce système ; et générale-
ment ils avaient un intérêt personnel à le réaliser.

» Les deux colonies avaient de plus, il faut le remarquer, des lois différentes de développement : l'une
s'accroissait peu à peu en s'enracinant fortement ;
l'autre, au contraire, allait de distance en distance,
jusqu'au milieu du désert, et sans laisser de racine

nulle part[1]. C'était la nature de la colonisation française de s'emparer de certains points stratégiques, de
ne pas former d'établissement agricole, d'attirer les
Indiens par le commerce, et de les soumettre en les
convertissant. Un mousquet, un chapelet et un paquet
de castors peuvent représenter ce mode de colonisation, qui n'avait, à peu près, pas d'autres éléments
d'action. » L'infériorité de la Nouvelle-France est
donc venue de sa faiblesse numérique et de la force
d'accroissement des colonies rivales.

« On a dit que les Français ne sont pas un peuple
émigrant, mais au dix-septième siècle, ceci n'était pas
absolument vrai. Le peuple français était divisé en
deux parties : l'une disposée à émigrer et l'autre qui
s'y refusait. La première se composait des huguenots
persécutés, l'autre des catholiques favorisés. Le gouvernement choisit pour former ses colonies, non pas
ceux qui voulaient partir, mais ceux qui désiraient
rester. Dès que l'Édit de Nantes fut révoqué, des centaines de mille de familles auraient désiré aller s'établir
au Nouveau-Monde, la permission leur en fut refusée, et
ils ne purent trouver un refuge même dans le désert.
Si cette permission leur eût été accordée, toutes les
contrées de l'ouest auraient reçu une population labo-
rieuse, éprouvée par l'adversité et possédant toutes
les qualités essentielles d'un gouvernement personnel ;

---

1. Il est tout à fait inexact de dire que les expéditions françaises
ne laissaient de trace nulle part. Les missionnaires accompagnaient
les troupes, et à chaque poste conquis établissaient un centre d'action qui finissait par gagner à la foi toutes les peuplades environ-
nantes.

une autre France se fût élevée au-delà des Alléganys, forte des éléments qui ont fait plus tard le succès des colonies britanniques, et la France, comme l'Angleterre, aurait été puissante dans deux hémisphères, si elle avait favorisé les inclinations de la population au lieu d'y résister. Mais l'absolutisme était conséquent à lui-même et perdit une magnifique occasion. » (Frontenac, page 396.)

Ce que nous venons de rapporter est encore tiré de l'ouvrage de M. Parkman.

A cela il y a bien à répondre. C'est précisément la forte personnalité de ce gouvernement paternel et religieux qui avait développé les qualités des colons français, dont M. Parkman présente si souvent un tableau intéressant ; c'est le soin que ce gouvernement prit de n'envoyer que des habitants choisis et d'exclure de la colonie ceux qui auraient pu lui nuire par leurs dissentiments religieux, qui fut le salut du Canada. Il n'y aurait eu ni unité d'efforts, ni élan, ni persévérance dans aucune des entreprises, si elles avaient été dirigées par des intentions contraires. Le gouvernement qui avait dominé au Canada jusqu'en 1760 avait obtenu des résultats comparables à tout ce qui s'était accompli dans les contrées voisines. La différence, c'est qu'il avait poursuivi un but bien supérieur, celui de la civilisation et de la conservation des nations indiennes, et qu'il avait réussi, avec moins de monde, avec un moindre déploiement de forces, et qu'il aurait pu continuer son œuvre si vaste, si gigantesque qu'elle fût, s'il avait toujours été secondé par des hommes dévoués et intelligents, tels que Colbert, et non par ces ministres sans idées, aussi dépravés qu'incapables, qui s'emparèrent de la direction des affaires en France à la fin du dix-huitième siècle.

D'ailleurs, quand M. Parkman reproche au gouvernement français l'absolutisme de son administration, il oublie que ceci n'était pas particulier à la France, c'était le système qui prédominait partout à cette époque dans les grands pays européens. On pensait alors que les peuples avaient besoin d'une forte direction de la part des chefs qui gouvernaient la nation, et c'est ce qui explique le succès des plus vastes et des plus audacieuses expéditions entreprises en ces temps par la Hollande, l'Angleterre, l'Espagne ou la France. D'ailleurs, une part notable était laissée avec intelligence aux colons; M. Parkman le remarque lui-même, à la page 395, que nous venons de citer : « Le système d'extension de la colonie n'avait pas été conçu à la cour; il sortit du sol canadien. » Enfin M. Parkman doit reconnaître avec quelle intelligence et quelle complaisance il fut encouragé et secondé par le gouvernement français, qui cependant était justement sévère contre les excès.

Il donna, en particulier, des preuves de cette sévérité lorsqu'il prohiba le commerce des liqueurs fortes, et supprima ainsi une des sources les plus abondantes du commerce avec les tribus indiennes, tandis que les colonies anglaises n'eurent aucun scrupule de les exploiter en les dégradant.

Il nous reste à donner un extrait qui se rapporte à la vie des coureurs de bois, un des principaux objets de l'intérêt de l'éminent historien. Ceci n'est pas sans ins-

truction pour le lecteur, c'est en outre un spécimen
curieux des descriptions dont M. Parkman émaille de
temps en temps son ouvrage. On pourra trouver ce
genre descriptif un peu en dehors des règles ; il y a
beaucoup de détails surabondants, disposés au hasard
et sans juste mesure ; on pourra penser qu'il y a autant
de fantaisie que d'observation exacte de la nature, mais
on ne peut refuser à cette exposition le mérite de nous
donner comme un reflet de ce cahos étrange et effrayant
que présentaient les vieilles forêts de l'Amérique, quand
les explorateurs européens les parcoururent pour la
première fois.

M. Parkman dépeint ainsi la vie singulière du Français
coureur de bois : « Il n'est pas étonnant qu'une année
ou deux de cette vie n'enlevassent tous les traits de la
civilisation à ceux qui la pratiquaient. Sans être un per-
sonnage considérable de la société, ce coureur de bois,
qui était comme une épine au flanc des chefs et des autorités, avait sa valeur, au moins au point de vue pittoresque. Sa physionomie étrange, sauvage, empreinte
des traits d'une intrépidité vraiment diabolique, était
en même temps d'une gaieté pleine d'entrain et d'in-
souciance. Cette image sera toujours unie au souvenir de ce vaste monde de la forêt que le dix-neuvième
siècle, avec sa civilisation, a presque entièrement
anéanti. Mais au moins est-il pittoresque, ce coureur
de bois, et avec son compagnon au teint rouge, il con-
tribue à animer les scènes de la forêt.

» Il devait sentir, mais peut-être sans s'en rendre
compte, les charmes de cette nature sauvage qui l'a-
vait adopté.

» Si inculte qu'il fût, la voix de cette nature devait avoir son éloquence pour celui qui en connaissait si bien tous les réduits et les solitudes : et ces profondes retraites, où voilé par les arbres, le ruisseau mystérieux serpentait avec une mélodie sourde à travers les arcades touffues du feuillage ; et ces gouffres où les roches brisées s'élèvent comme les remparts d'un château, que le soleil du midi illumine de rayons pénétrants, sur les flancs du torrent ; et ces troncs de sapins renversés, couverts de mousse, qui repandent des ombres indécises au milieu des illuminations des flots ; et ces eaux transparentes qui apparaissent vertes comme l'émeraude par la réflexion des feuillages suspendus sur leur surface ; et les rochers à la cime rongée, sur lesquels la lumière des eaux ensoleillées danse en étincelles brillantes ; et ces arbres antiques renversés par la tempête, servant de digue aux flots écumants avec leurs débris monstrueux ; et les profondeurs des forêts séculaires, obscures et silencieuses comme des cavernes, soutenues par les piliers innombrables de ces arbres, dont chacun est un atlas supportant un monde de feuillage, et répandant une humidité continuelle à travers leurs écorces épaisses et rugueuses.

» Quelques arbres apparaissent pleins de jeunesse, d'autres, au contraire, sont tout décrépits et déformés par l'âge ; semblables à des fantômes aux contorsions étranges, ils sont tout repliés sur eux-mêmes et couverts de veines et d'excroissances : d'autres entrelacés et réunis ensemble, paraissent comme des serpents pétrifiés au milieu des embrassements d'une lutte mortelle ; les mousses apparaissent aussi aux regards, ici étendant sur les sols pierreux un tapis verdoyant, là revêtant les rochers de draperies ondoyantes ; plus loin transformant les débris en remparts de verdure, ou bien enveloppant les troncs brisés comme d'un filet qui les préserve d'une dernière destruction ; plus haut on les voit se suspendre et se déployer en guirlandes et en spirales, comme des formes de reptiles de l'ancien monde, tandis qu'autour d'eux et sur eux resplendit la jeune végétation, qui appuie sur les débris les pousses vigoureuses d'une forêt renaissante. Enfin, lorsqu'on détourne ses yeux de ces amas de ruines et qu'on les reporte vers la lumière et la fraîcheur des vertes clairières, on voit l'éclat des lacs brillants et des montagnes se découpant dans la splendeur du soleil, à demi voilé par les ombres des nuages voyageurs qui filent sur des ailes argentées, à travers les profondeurs de l'azur transparent. »

Après cette citation, qui peut donner une idée de l'exubérance du style de l'auteur, nous passerons à d'autres considérations qui se rapportent au fond même du sujet : nous voulons parler des erreurs où M. Parkman s'est laissé entraîner par ses préventions contre l'ancien régime établi par Colbert et la civilisation catholique.

V

Dans nos articles précédents nous avons montré l'influence de Colbert sur l'organisation de la Nouvelle-France.

Pour mettre ses œuvres en relief, nous en avons

appelé au témoignage de ses contemporains, à ses lettres et à ses instructions si sages, aux aveux même d'un écrivain qui, depuis quelque temps, ne peut paraître suspect d'aucune prévention favorable, M. Parkman. Nous voudrions compléter notre tâche en réfutant directement les assertions inspirées à M. Parkman par des préjugés nouveaux et injustifiables contre cet ancien régime qui devait tant au grand ministre Colbert.

Nous ne contestons pas les mérites des premiers ouvrages de cet historien. Ce n'est pas un travail médiocre que d'avoir mis au jour ces grandes monographies qui résument avec érudition et bonne foi tant de précieux renseignements sur les pionniers et les missionnaires de la Nouvelle-France et sur l'exploration des pays de l'Ouest. Nous reconnaissons l'impartialité et la sincérité qui présidaient à ces premiers travaux; mais en est-il de même aujourd'hui ? Non : un revirement complet s'est opéré dans les idées de l'écrivain.

Avant d'exposer ses erreurs et ses injustes assertions, essayons de nous rendre compte des motifs qui ont pu amener un tel revirement.

Un des événements les plus considérables des temps actuels est assurément le retour d'un grand nombre d'esprits sérieux au catholicisme. L'on a vu, dans les dernières années, des personnages remarquables, appartenant aux conditions influentes de la société, revenir aux croyances de leurs ancêtres. L'on a vu s'introduire partout, dans les relations sociales, dans les publications littéraires, dans les discussions parlementaires, des sentiments de considération et de respect pour l'ancienne foi, auxquels on n'était plus habitué.

Ce changement si remarquable s'est étendu jusqu'à l'Amérique. Que l'on parcoure les œuvres des publicistes, les livres, les journaux, les revues, et l'on verra quel adoucissement s'est introduit dans les jugements, quelle aménité dans les formules.

C'est ce que l'on voit dans les principaux auteurs : dans Longfellow, dans Washington Irving, dans Prescott, dans Bancroft, et c'est ce qui a si particulièrement charmé dans les premiers travaux de M. Parkman.

Le monde littéraire a salué avec sympathie un écrivain éminent qui ne craignait pas de multiplier les recherches, d'accumuler les documents, et qui ensuite, sans parti pris, savait reconnaître la vérité avec une merveilleuse sagacité, et se faisait un devoir de la proclamer hautement et même avec enthousiasme, dans ce style recherché mais habile et émouvant avec lequel il sait captiver ses lecteurs.

Ce mouvement général vers la vérité, que suivait M. Parkman, était accueilli avec faveur, mais on devait bien s'attendre à ce que les chefs intéressés du parti réformé, les hommes à position officielle finiraient par réclamer, et en effet, après avoir observé une attitude affectée d'indifférence à l'égard des premières défections, ils n'ont pas manqué de manifester leur mécontentement ; des cris d'alarme ont retenti ; les voix autorisées du parti ont blâmé l'incurie de l'autorité, l'entraînement des masses. On a vilipendé les transfuges, on a admonesté sévèrement tous ceux qui regardaient les pratiques *romanistes* avec complaisance.

Cette levée d'armes et cette réaction ont eu tout l'effet qu'on pouvait prévoir. Pour s'éloigner encore plus des séductions de la doctrine de l'unité, on a renouvelé des professions de déisme et d'indépendance qui auront pour résultat d'exclure les dernières idées chrétiennes conservées dans le protestantisme, et alors ce qu'on est convenu d'appeler le pur évangile sera réduit à un état complétement atomistique. Cependant qui aurait pu penser que M. Parkman, l'érudit, l'indépendant chercheur de la vérité, se montrerait si ému de ce remue-ménage intérieur et qu'il s'arrêterait dans ses consciencieuses revendications de l'exactitude historique.

Est-ce bien lui, si bien informé, sachant démêler si nettement tant de questions embrouillées par les adversaires des œuvres catholiques, qui peut ainsi se laisser troubler par les réclamations des derniers soutiens de la vieille entreprise réformiste ?

C'est à quoi l'on ne devait pas s'attendre ; et, dans un tel changement, il est difficile de reconnaître l'auteur agréable, conciliant et libéral qu'avait acclamé le monde littéraire.

L'érudit infatigable, le savant curieux et perspicace met de côté ses nombreux documents, pour recourir à des déclamations mille fois réfutées. Il abandonne, de plus, le ton mesuré et calme qui convient si bien à la science et à la critique, pour prendre le genre passionné, bruyant et exclusif du pamphlet ; au lieu d'un historien, nous avons un sectaire ; au lieu d'un travailleur qui veut faire connaître ses découvertes à des esprits d'élite, nous n'avons plus qu'un partisan qui aspire à

se mettre au niveau des préjugés aveugles qui caracté-
risent les bas-fonds du protestantisme. Jusque-la il par-
lait pour le monde des intelligences honnêtes, maintenant il s'exprime comme s'il s'imaginait que la terre
finit à l'horizon du *cottage* qu'il habite dans quelque
faubourg de Boston.

S'il continue, on peut prévoir des résultats à jamais
déplorables ; ses œuvres, inspirées par des préoccupations aveugles, disparaîtront avec l'exaltation qui les
aura inspirées.

Cette perspective n'est pas flatteuse, nous en conve-
nons, mais elle répond sans exagération à une pensée
à laquelle se rallient de nombreuses intelligences.

Passons en revue les principales assertions de l'*Old
regime*, et nous verrons l'esprit qui règne dans ce
livre.

D'abord, M. Parkman est si préoccupé de la pensée
d'exalter tout ce qui touche à l'élément anglais, qu'il
n'a que des paroles d'admiration pour sa patrie et que
des sévérités pour ce qui lui est étranger.

Selon lui, les Français venant en Amérique sortaient
du sein de l'ignorance la plus profonde et des ténèbres
même de la barbarie.

Il en est convaincu, et il paraît croire que ses lecteurs ne connaissent rien du passé et qu'ils ignorent
complétement l'état des esprits au dix-septième siècle.

En revanche, il veut croire que ces officiers, ces prêtres, ces colons partis de France, venaient se mettre
au contact de toutes les lumières de la civilisation en
s'établissant dans le voisinage des colonies anglaises.

Nous ne contestons pas le degré de civilisation dont

l'Angleterre jouissait à cette époque; nous sommes des premiers à reconnaître la distinction d'un peuple qui produisait des hommes comme Dryden, Pope et Newton.

Mais la France lui était-elle inférieure en ce moment, elle qui avait des philosophes comme Pascal, Descartes, Malebranche, des écrivains comme le cardinal de Retz, Labruyère, Saint-Simon, des administrateurs comme Richelieu, Mazarin, Colbert, des hommes de guerre comme Condé, Turenne, Luxembourg, de grands chrétiens comme Vincent de Paul, le P. de Coudren, le cardinal de Bérulle, Mgr de Laval, M. Olier, des orateurs sacrés comme Bossuet, Bourdaloue, Fénelon, Fléchier, Massillon, des poëtes incomparables, des corps d'érudits et de savants comme les Oratoriens et les Bénédictins?

Quelle opinion M. Parkman peut-il donner de la justesse de ses aperçus, quand il n'hésite pas à tirer le voile sur la plus brillante époque de l'humanité?

Si M. Parkman fait si peu de cas d'une société qui a produit tant de génies dans tous les genres, nous ne sommes pas étonné de voir qu'il traite parfois avec tant de dédain le chef de cette société incomparable. Louis XIV est jugé avec rigueur.

Ici nous devons faire remarquer que l'écrivain américain a un procédé particulier pour déconsidérer ceux qu'il n'aime pas. Quand il faut parler de leurs qualités, de leurs mérites, il passe rapidement, ou se retranche dans un silence absolu; mais s'agit-il de leurs défauts, il est inépuisable, et il ne craint pas d'intervertir les événements, les circonstances, les époques,

pour réunir tout ce que l'on peut avoir à reprocher à
un homme. S'il représente Louis XIV dans les déci-
sions qu'il prend à l'égard de la Nouvelle-France en
1660 et 1664, il réunira tout ce qu'il a fait de plus
répréhensible dans sa vie.

Nous en avons ici un exemple frappant. Il donne d'a-
bord quelques lignes sur les qualités du monarque, sur
sa bonne mine, son grand air; il nous dit qu'il était
pénétré du sentiment de ses devoirs, qu'il cherchait
avant tout le bonheur de la France, qu'il sut employer
des hommes de mérite; mais, à cela près, tout le reste
est chargé des plus sombres couleurs. Sans souci de la
marche du récit, il accumule des torts, des excès qui se
sont produits à de longs intervalles.

Il représente Louis XIV vers 1661, dans le château
de Fontainebleau, livré à ses passions, enivré de plai-
sirs, et cependant ce n'est que plus tard que le monarque s'abandonna à ses plus grands excès. Remarquons
que l'auteur parle de son faste à Fontainebleau; or, ce
château était alors, grâce à l'incurie de Fouquet, dans
un état de dégradation complète, sans meubles, sans
ornement. De plus, il rappelle les liaisons du roi avec
Mme de Montespan et Mlle de Fontanges; or, Mme de
Montespan ne fut présentée à la cour que dix ans plus
tard et Mlle de Fontanges ne faisait que de naître; elle
parut à Versailles dix-sept ans plus tard. Enfin, quand
le roi revient de ses égarements, écoute la voix de ses
conseillers, embrasse une conduite tout opposée,
M. Parkman, chose singulière, le juge encore plus sévèrement. Il blâme son mariage avec une personne
digne d'estime et de considération, et il regarde l'heu-

reuse et morale influence de Mme de Maintenon comme
« le sinistre règne du jupon et de la soutane. » C'est
ainsi qu'il apprécie l'acte si noble du souverain élevant
au rang de sa compagne la personne la plus sage et la
plus estimable de toute la cour.

Un autre tort de l'auteur est de s'en rapporter aveu-
glément aux témoignages qui appuient ses préventions.
Il nous assure qu'il recourt aux sources, qu'il n'avance
rien qui ne soit appuyé sur de bonnes autorités, et
cependant il cite Saint-Simon sans examen, tandis
que les plus grands admirateurs du talent merveilleux de cet écrivain n'osent le consulter que sous béné-
fice d'inventaire, à cause de son caractère frondeur, de
son amour-propre, et de ses rancunes contre un souverain qui, prétendait-il, ne lui avait pas rendu justice.

M. Parkman cite l'abbé de Choisy, dont il a été dit :
« En ses mémoires, il y a des choses vraies, d'autres
fausses, et beaucoup de hasardées. »

Il cite Lahontan, malgré le peu de crédit dont il
jouit parmi les historiens du Nouveau-Monde. Quand
il s'agit des questions religieuses, il allègue le témoignage de Nicole, sans avertir ses lecteurs que Nicole
s'était laissé gagner par les erreurs du jansénisme.

Ce n'est pas ainsi qu'on peut arriver à la vérité et
qu'on éclaire ses lecteurs.

Quand M. Parkman dit de Louis XIV que c'était
un homme médiocre, il ne fait que répéter un mot de
Saint-Simon ; mais il n'ajoute pas avec lui que ce roi
avait des talents et des qualités qui le mettaient à
même de devenir l'un des plus capables, peut-être

même le plus capable des souverains qui aient régné
en France.

Au moins, ceci répond à l'éloge exprimé par le cardinal Mazarin : « Il y a en lui l'étoffe de quatre rois et
d'un honnête homme. »

On sait l'admiration qu'il inspirait aux plus grands
esprits. Comme roi et comme appréciateur des hommes
et des choses, on l'a toujours jugé hors ligne; aussi
admet-on sans peine qu'il a augmenté la gloire de son
siècle par son mérite personnel[1], et que : « Jamais
chef de nation n'a eu une idée plus haute et plus
sérieuse de ce que lui-même appelait énergiquement le
métier de roi [2]. »

Pour faire connaître cette époque si grande et si inté-
ressante, il faut recourir aux témoins dignes de considération, et quand on y recourt, il ne suffit pas d'en
citer quelques passages décousus auxquels on fait dire
ce que l'on veut.

En parlant des commencements de Mgr de Laval,
M. Parkman le montre comme soumis à la direction
inintelligente et étroite d'un mystique exalté « qui éle-
vait ses disciples dans les maximes et les pratiques de
la plus extravagante, ou, comme disent ses admirateurs, de la plus sublime dévotion ultramontaine [3], »
les formant à un état d'oraison qui engendrait toutes
sortes de visions, et remplissait la ville de Caen de fo-
lies et de singularités; puis il nous parle de certaines

---

1. Godefroy : *Histoire de la littérature française au dix-septième
siècle.*

2. † Augustin Thierry : *Histoire du tiers-état.*

3. *The old regime,* page 88.

processions où l'on paraissait avec des costumes ridicules.

D'après cet énoncé, qui pourrait penser que le directeur de l'abbé de Laval était M. de Bernières de Louvigny, homme sage, pieux, qui possédait la confiance des prélats les plus éminents en science et en vertus, et qui avait su opposer une barrière infranchissable aux entreprises des jansénistes.

Mais comment M. Parkman a-t-il pu se tromper ainsi ? Parce qu'il s'en est rapporté au jugement du trop célèbre Nicole, un des champions exaltés du jansénisme, qui ne pouvait pardonner à M. de Louvigny d'avoir établi à Caen une retraite pour les laïques, en opposition ouverte à la maison de Port-Royal.

Cette complaisance pour tout ce qui répond à ses préventions entraîne souvent l'écrivain dans bien des méprises et des distractions. Ainsi il trouve dans les lettres des ministres à l'intendant Duchesneau certains reproches sur les abus de l'intendance, et il en infère aussitôt que ces abus ont toujours existé.

Il découvre un livre sur le Canada où l'on dit que c'est la terre des abus, et il applique ce mot à toute l'histoire du pays, tandis que ce livre, intitulé *Etat présent du Canada*, a été publié en 1758.

Non-seulement M. Parkman ne se donne pas la peine de choisir ses autorités et de contrôler les sources où il puise, mais il manque des qualités d'esprit nécessaires pour se prononcer sur les faits qu'il expose.

Il est convaincu d'avance de la prééminence de la race anglaise sur tout autre, ce qui, comme s'exprime

M. l'abbé Casgrain, « fait l'éloge de son patriotisme plutôt que de son impartialité. »

Il est prévenu contre tout ce qui tient à l'ancien régime. Les idées modernes de civilisation, de démocratie et de républicanisme sont pour lui le type de la perfection sociale. Il oublie trop une vérité qu'il a exprimée lui-même : « Qu'il n'y a pas de panacée politique, excepté dans l'imagination des rêveurs politiques [1].» Les systèmes les plus populaires aujourd'hui peuvent bientôt perdre leur crédit. Nos idées sembleront arriérées à ceux qui viendront après nous. Pour que l'historien les apprécie, il faut qu'il les soumette aux principes immuables, qu'il les juge en elles-mêmes, et non pas suivant les préoccupations du moment.

M. Parkman semble toujours présenter les institutions constitutionnelles comme le fruit de l'émancipation protestante; en cela il se trompe entièrement. Il est vrai que l'Angleterre a été pourvue d'institutions libérales et que les colons anglais en ont ressenti les effets sous quelques rapports; mais l'Angleterre ne doit pas ces institutions à l'établissement de la réforme : elle les doit aux barons et aux prélats catholiques qui ont obtenu la grande charte au treizième siècle; et, bien loin que le protestantisme ait contribué pour quelque chose à ces libertés, c'est le contraire qui est arrivé.

Au reste, l'Angleterre n'était pas seule à jouir des institutions libérales. La France avait aussi ses institutions communales et parlementaires, contre lesquelles

1. M. l'abbé Casgrain; *Revue Canadienne* du mois d'avril 1875.

les souverains catholiques ont été moins implacables
que leurs voisins. Elle avait conservé ces institutions
monastiques qui ont plus fait pour l'élévation et le
bien-être des classes inférieures que toutes les mesures
des protestants. L'Église avait aboli le servage, elle
avait toujours protégé les faibles contre les mesures
tyranniques, elle avait posé les bases de la liberté
civile, elle avait inspiré aux souverains une grande
sollicitude pour leurs peuples. On en voit une preuve
éclatante dans les recommandations faites par le souverain aux intendants du Canada, tandis qu'on ne
voit rien de semblable dans l'administration des colonies anglaises. Jamais les peuples catholiques n'ont
ressenti les atteintes de ce paupérisme qui dévora l'Angleterre à partir de l'introduction de la réforme, et qui
est actuellement la cause de tant de soucis et d'embar-
ras pour le gouvernement anglais.

M. Parkman ne fait aucun cas des grands desseins
des rois de France, pour le salut des pauvres sauvages ; il ne comprend pas le zèle et le dévouement
des missionnaires. Il s'étonne que les gouverneurs et
les officiers entraînés parfois par des intérêts temporels, aient été obligés de céder devant l'autorité des
évêques, qui réclamaient au nom du bien des âmes et
du succès des missions.

Mgr de Laval tenait aux obligations de sa charge et
aux droits que le gouvernement lui avait donnés ; il en
résultait qu'il se trouvait souvent en conflit avec les
autorités civiles ou militaires, qui n'étaient pas animées
du même zèle et qui ne comprenaient pas bien les
vraies intentions du gouvernement. Il ne s'agissait pas

d'attribuer au prélat une autorité civile dans la colonie, mais celle qui lui était nécessaire pour l'accomplissement de sa mission religieuse et civilisatrice. C'est la raison des difficultés que Mgr de Laval rencontra avec les différents gouverneurs. En vain M. Parkman nous parle de l'inflexibilité de caractère du vénérable prélat, de la pensée qu'il avait d'être au-dessus de la loi humaine, de la confiance qu'il mettait dans une casuistique implacable, de la persuasion dans laquelle il était que tous les moyens sont bons, etc., etc., cela n'explique rien. Ce qui explique tout, c'est le but qu'avait et devait avoir le gouvernement dans l'établissement de la Nouvelle-France:

D'après tout ce que nous avons vu, nous avons pu reconnaître combien M. Parkman est sévère pour le vieux régime des colonies françaises, mais cette rigueur semble d'un goût assez douteux, quand on la rapproche de l'indulgence avec laquelle il juge ses compatriotes.

Ainsi il accumule les reproches contre ses adversaires, il les accuse de superstition, d'ignorance, de mauvaise administration, et cependant il s'agit précisément d'un peuple qui marchait en ce moment à la tête de l'humanité. Enfin il a la mauvaise foi de les juger d'après les idées et les pratiques des temps actuels. Mais quand il parle de ces Bostonnais qui avaient aussi leurs défauts, il n'a pour eux que louanges et admiration.

Il aime à les faire envisager comme des hommes de

foi, qui ont tout quitté pour la conservation de leur religion, pleins d'austérité pour eux-mêmes, pénétrés d'un zèle ardent pour la propagation de la vraie doctrine.

Or, à quoi ont-ils employé ce dévouement? Ils étaient environnés de tribus hospitalières, faciles à convaincre, ils n'ont rien fait pour elles, nous dit Bancroft, l'historien des États-Unis, et leur zèle n'est jamais resté qu'à l'état d'intention. La vérité est que « ces puritains exterminèrent un grand nombre de tribus, mais n'en convertirent pas une seule, et que le christianisme ne s'étendit pas au delà de quelques villages environnant Boston [1]. »

Les catholiques se donnèrent une mission plus haute. Les Espagnols convertirent toutes les populations de l'Amérique méridionale ; les religieux français gagnèrent à la foi toutes les peuplades de l'Acadie, des bords du Saint-Laurent et du Mississipi, et « ce résultat vaut bien tout le succès des colonies anglaises [2]. »

C'est ce que reconnaît M. Bancroft : « C'est le zèle religieux non moins que l'ambition mercantile qui poussa la France à occuper le Canada, et Champlain, dont le nom impérissable égalera dans l'esprit de la postérité la renommée des grands navigateurs anglais, toujours désintéressé et compatissant, plein d'honneur et de probité, d'une piété tendre et d'un zèle ardent, avait compris que le salut d'une âme vaut mieux que la conquête d'un empire [3]. »

1. Bancroft : *Histoire des États-Unis.* Volume II, page 97.
2. Mgr Spaulding : *Mélanges,* page 300.
3. Bancroft : Volume III, page 119.

Mgr Spaulding, en ses travaux sur les premiers missionnaires, ajoute que l'on ne peut même songer à comparer les hommes les plus marquants de l'émigration protestante, qui ne respiraient que les intérêts du commerce et le lucre, comme Hawkins, Raleigh, Drake et Weymouth, avec ces hommes désintéressés et dévoués aux intérêts du ciel, tels que J. Cartier, Maisonneuve, Mgr de Laval, et ces gouverneurs si désireux du bien des âmes. Pendant que les Français se dévouaient à la propagation de l'Évangile, les puritains, de leur côté, étaient loin d'être inactifs ; ils s'emparaient des terres des Indiens, ils en vendaient les propriétaires comme esclaves et exterminaient ceux qui ne voulaient pas se rendre.

Aussi, en peu d'années, les tribus des bords de l'Atlantique furent anéanties. Il ne resta rien de ces peuplades intéressantes et pacifiques : les Pokanokets, les Marragausets, les Pequods, les Mohicans, les Mohawks. Ils disparurent sous les coups de la froide politique et de la cruauté sans cœur des puritains. « Ils se sont évanouis, dit Mgr Spaulding, devant les premières lueurs de la civilisation anglaise comme la neige aux premiers rayons du soleil. Bientôt, de chacune de ces tribus autrefois si florissantes, il ne resta plus que quelques centaines d'hommes. Les puritains envahissaient les villages sans provocation aucune, employaient le glaive et le feu, et le lendemain, lorsque le soleil se levait sur l'horison, il éclairait un triste spectacle, tout était anéanti[1]. »

1. Mgr Spaulding. *Mélanges*, page 351.

Cela n'empêchait pas les puritains de parler de religion, de se croire des apôtres, de lire et de méditer la Bible. Mais, suivant M. Bancroft, voilà le parti qu'ils en tiraient ; ils avaient vu comment les Hébreux avaient traité les nations abjectes de la terre de Chanaan, et ils prétendaient qu'ils devaient en faire de même avec ces nations inoffensives et hospitalières du Connecticut et du Massachusetts.

Un autre reproche adressé par l'historien anglais aux colonies françaises, est l'esprit de division qui y régnait entre les commerçants et les militaires, entre les intendants et les gouverneurs, entre les autorités ecclésiastiques et civiles. Ces difficultés sont essentielles à tout État nouvellement fondé, où les pouvoirs ne sont pas encore bien définis, et ne peuvent l'être que par la pratique et par l'expérience ; mais ces difficultés n'allaient pas loin, elles n'engendraient pas de haines implacables. On recourait au ministre, au souverain, et quand l'autorité supérieure avait décidé, les partis se soumettaient, le vainqueur n'accablait pas son adversaire, et celui-ci se rendait sans arrière-pensée. Voilà ce que l'on peut remarquer en général, mais il n'en était pas ainsi dans les colonies anglaises. Des difficultés s'élevaient aussi, et elles avaient le plus souvent une fin tragique. Les plus habiles mettaient la foi religieuse de leurs adversaires en suspicion. Ils les dénonçaient près des autorités qui se laissaient surprendre. Aussi cela devint une puissante tactique de guerre. Tous ceux qui avaient des ennemis étaient portés à les regarder comme des suppôts du démon, ils s'indignaient de leur perversité, ils frémissaient à la pensée du mal qu'ils pouvaient faire à la jeune colonie, et dès lors les dénonciations de sorcellerie pleuvaient ; c'était un véritable règne de la terreur. On saisissait les inculpés, on les dépouillait de leurs biens, on les mettait en jugement, et pendant des mois entiers les bûchers allumés consumèrent un nombre considérable d'hommes, de femmes et même d'enfants, et tout cela était exécuté au nom de la Bible, et parmi les plus implacables, l'on citait de fervents puritains. Enfin, l'un des ministres, Cotton Mather, par sa dureté et ses rigueurs avait conquis un véritable ascendant au milieu de ces emportements aveugles. Or M. Parkman, qui a vu tant d'ombres dans les œuvres des saints missionnaires du Canada, n'a jamais rien découvert d'excessif dans les procédés de ses compatriotes, et cependant qu'est-ce que les conflits de l'autorité civile et religieuse du Canada en comparaison de ces fureurs et de ces crimes détestables !

Il nous reste à parler du talent littéraire et du mérite de M. Parkman comme historien dans cet ouvrage de l'*Old regime*. Là nous ne voudrions que louer et admirer et nous serions tout disposés à partager l'opinion de ses compatriotes qui, avec leur connaissance du génie de la langue anglaise, sont allés jusqu'à l'égaler aux grands auteurs américains dont la réputation est universelle, tels que Fenimore Cooper, Washington Irving, Prescott et Longfellow.

Nous croyons cependant que si dans M. Parkman il

y a des qualités distinguées, il est encore loin d'avoir
ces dons excellents qui ont mis en lumière ses compatriotes les plus éminents.

Nous ne voyons pas en lui cette puissance de con-
ception et cette parfaite connaissance des ressorts du
cœur humain qui ont rendu Feminore Cooper aussi
célèbre en Europe qu'en Amérique, et qui ont donné
aux souvenirs de l'ancienne Amérique un peintre, un
chroniqueur si vivant, si original, si animé. Chez
Cooper les grands tableaux abondent, les caractères
sont frappants, il y a une couleur saisissante et vi-
goureuse qui vous transporte du premier coup dans un
monde inconnu, étrange et grandiose. Sans doute dans
M. Parkman il y a un reflet de ces qualités, c'est
comme une copie parfois heureuse d'un grand maître,
mais il est loin de l'égaler. On ne peut pas dire non
plus qu'il approche de la puissance de Bancroft, de la
verve charmante de Washington Irving, de l'inspiration si naturelle de Longfellow, d'Edgard Poé. Tout ce
que l'on peut admettre c'est qu'il est de la même
école, et c'est déjà beaucoup pour illustrer un homme.
Mais si le talent n'est pas égal, il y a cependant un
point de vue sous lequel on aurait pu exalter M. Parkman, si toutefois il l'avait voulu. Il a bien su choisir
ses sujets ; ce ne sont pas des œuvres de fantaisie,
d'imagination. Il peint des personnages réels, il
retrace de grands événements, son goût l'a porté vers
les grandes choses et il aurait pû y être éminent et y
gagner une gloire incomparable s'il était resté fidèle à
la vérité historique. Mais par un entraînement indigne
de lui, actuellement il ne songe qu'à dénaturer les

événements, il défigure les personnages. Ces œuvres admirables qu'il a voulu faire connaître il ne sait plus les représenter dans leur noblesse, leur élévation et leur grandeur.

On ne comprend vraiment pas pourquoi il a cédé à une si funeste inspiration. Il veut faire de l'histoire, il en a l'aptitude et les qualités essentielles; il obéit d'abord à ses dispositions qui sont excellentes et puis, sans aucune raison apparente, il dénature son œuvre, il la subordonne à des préventions, et à des préjugés vulgaires, il accable ses adversaires, il exagère les défauts, il prête les intentions les plus odieuses aux actions les plus indifférentes, c'est de la diatribe, c'est du pamphlet, et il manque complétement le rôle auquel il pouvait prétendre.

Maintenant il nous reste à signaler encore quelques autres défauts; nous ne devons pas les passer sous silence, car on ne peut bien apprécier l'historien sans connaître ces notables imperfections d'un ouvrage regardé comme considérable.

Il est vrai qu'il a beaucoup lu, qu'il a réuni beaucoup de documents et enfin qu'il a beaucoup retenu. Mais comme nous l'avons déjà dit, ces documents ne sont pas toujours appréciés comme ils devraient l'être, il les donne tels qu'il les trouve, il ne songe pas à se les approprier par une critique exacte.

Enfin dans sa préoccupation d'accumuler les faits, il se hâte de telle sorte qu'il ne prend pas soin de noter les sources auxquelles il puise. Il lit avec rapidité, il prend ce qui lui paraît intéressant, il reproduit même textuellement toute phrase qui lui paraît remarquable, toute parole qui lui semble caractéristique, mais il n'inscrit pas la source de ses emprunts et ensuite quand il se met à rédiger, il ne sait plus distinguer ce qu'il a trouvé dans ses recherches de ce que lui a fourni son observation personnelle, et il reproduit tout dans la même trame sans pouvoir se rendre compte de ce qui lui appartient et de ce qui revient aux autres. Ceci l'entraîne à des distractions qui doivent être relevées même par la critique la plus bienveillante.

Ainsi il lui arrive de citer les historiens originaux comme s'il les avait consultés tous lui-même tandis que le plus souvent il ne fait que reproduire les citations fournies par les autres écrivains en indiquant d'après eux la source et la page, mais sans faire mention de l'écrivain qui les a découvertes. En outre, dans les passages les plus importants de son ouvrage, il lui arrive souvent pendant dix, vingt et même trente pages, de reproduire en entier le travail de ses devanciers sans le désigner expressément.

Cela, il est vrai, ne nous fait pas supposer qu'il se soit dispensé d'aller aux sources; cela ne diminue en rien la valeur des témoignages de reconnaissance qu'il exprime, pour les bibliothécaires et les archivistes auxquels il nous dit qu'il est si redevable; cela n'infirme pas le mérite qu'il a eu de faire copier des documents précieux aux dépôts de Londres et de Paris, mais après cela on a lieu de s'étonner qu'il se soit contenté de faire des emprunts si fréquents et si considérables.

Enfin notre étonnement ne s'arrête pas là : c'est que M. Parkman qui témoigne tant de confiance pour la valeur des historiens français en les mettant ainsi à contribution, et de plus qui a pu tellement s'assurer par lui-même de l'abondance des anciens documents français et de la rareté des documents anglais, s'arrête si volontiers à exalter la civilisation protestante et à signaler ce qu'il appelle les ténèbres et l'ignorance de la race française.

Comme ses compatriotes ne se rendaient compte de rien et ne songeaient pas plus à consigner leurs souvenirs qu'à entretenir des relations avec la mère-patrie, il ne trouve pour faire son travail, que les anciennes relations canadiennes ; il met aussi à contribution les récents travaux des historiens français.

Par ce moyen, M. Parkman s'exempte de ces travaux pénibles de déchiffrement des pièces authentiques, de confrontation des originaux, et de rédaction qu'ont accompli nos infatigables écrivains ; ensuite, il ne met que quelques semaines à écrire des événements qui ont coûté des années de travail à ceux qu'il consulte et traduit, puis il s'exalte et il nous plaint, et il nous fait entendre quelle supériorité il est obligé de reconnaître en ses compatriotes, en ses ancêtres, en son pays et en lui-même.

Maintenant, pour montrer quelle est la gravité et la nature de nos assertions, nous allons donner quelques exemples. Nous citerons les principaux épisodes qui ont valu le plus d'éloges à M. Parkman. Nous prendrons le fait d'armes du Long-Saut, puis l'expédition de M. de Tracy dans les villages iroquois, enfin l'énumération des mesures prises par le gouvernement français pour l'accroissement de la population, pour

l'établissement du commerce, de l'industrie et de l'agriculture, et le lecteur sera suffisamment éclairé quand il
saura que ce ne sont que des reproductions textuelles
de l'ouvrage de M. Faillon sur *la colonie française au
Canada.*

Le récit du fait d'armes du Long-Saut se trouve dans
M. Faillon au second volume de son Histoire de la
Colonie de la page 395 à la page 417 : or, il est complétement reproduit dans le volume de l'*Old regime,*
de M. Parkman, de la page 63 à la page 83.

Le récit de l'expédition de M. de Courcelles et de
M. de Tracy se trouve dans le troisième volume de
l'Histoire de la Colonie de M. Faillon, de la page 129 à
la page 157; et il est textuellement reproduit dans
M. Parkman de la page 186 à la page 207 de l'*Old
regime.*

L'énumération des mesures prises pour l'accroissement de la population, que M. Faillon nous donne
dans son troisième volume, de la page 202 à la
page 220, est reproduite textuellement dans l'*Old
regime,* de M. Parkman, de la page 215 à la
page 231.

Enfin tout ce qui concerne l'agriculture, le commerce, l'industrie se trouve dans M. Faillon au
troisième volume, de la page 222 à la page 257, et les
mêmes faits se trouvent relatés encore, mais *passim,* à
partir de la page 231 de l'ouvrage de M. Parkman.

Il est convenu que M. Parkman a les grandes qualités du narrateur, la suite, l'enchaînement des faits,
l'intérêt croissant du récit, la réunion des détails qui
peuvent intéresser, et il est à considérer que ceux qui

lui reconnaissent ces qualités ont donné surtout pour exemple ces trois grands épisodes qui ne sont qu'une reproduction absolument littérale du travail de M. Faillon. En devons-nous conclure que M. Parkman est surtout remarquable quand il reproduit! Mais au moins devrait-il citer ses sources!

Le récit du Long-Saut est particulièrement émouvant : c'est vers 1659, les Indiens se sont tous réunis et ont juré la perte de la jeune colonie. Ils arrivent de deux côtés : par l'Ottawa et par le Richelieu afin d'emporter Montréal, le boulevard de la Nouvelle-France. Alors un jeune officier nommé Daulac s'en va, avec dix-sept hommes choisis, à la rencontre des Iroquois ; il s'embusque dans un petit fort, à l'un des portages du fleuve, à vingt lieues de Montréal ; il accueille les sauvages par une vive fusillade qui est le prélude d'une lutte acharnée de quinze jours, pendant lesquels l'armée des Iroquois s'épuise, sans pouvoir gagner un pouce de terrain et sans pouvoir se persuader qu'ils n'ont affaire qu'à quelques combattants. Au bout de ces quinze jours les Français succombent sous la fatigue, la faim et la soif.

Or, ce trépas vaut une victoire, et les Iroquois, surpris de l'intrépidité de ces quelques hommes qui leur ont fait perdre des milliers de combattants, s'en retournent dans leur pays, ayant renoncé à l'idée de se mesurer avec une nation qui compte des guerriers si intrépides.

Tout ce chapitre, que les compatriotes ont regardé dans M. Parkman comme un chef-d'œuvre, n'est que la traduction mot pour mot du récit donné par M. Faillon. Il est vrai que M. Parkman fait suivre son récit

de cette observation : « Pour tout ce que nous venons
de dire, nous sommes très-redevables à **M.** Faillon. »
Il nous semble que ce n'est pas ainsi qu'on signale
une traduction littérale.

Il est vrai encore que **M.** Parkman a intercalé, au
milieu de son travail, une phrase de sa composition,
elle est à la page 183 de l'*Old regime*. Ayant dit, suivant **M.** Faillon, que les Français s'unissaient dans
leurs prières à quelques sauvages qui les avaient ac-
compagnés, il continue ainsi : « Le matin et à la veillée
» les assiégés priaient en trois langues différentes, et
» lorsqu'au déclin du jour on voyait au loin la cime
» des arbres s'éclairer des derniers rayons du soleil,
» les rapides joignaient leur mélodie rauque au chant
» des hymnes du soir. » Ce n'est pas la présence de
ces trois lignes qui a pu faire oublier à **M.** Parkman
l'origine de son récit.

Passons à un autre chapitre regardé encore par
les amis de l'historien américain « comme un modèle
de narration, où il égale les meilleurs auteurs de son
pays. »

Il s'agit des deux expéditions de **M.** de Courcelles et
de **M.** de Tracy d'abord au mois de janvier et ensuite
au mois d'octobre suivant en 1667, après lesquelles
les Iroquois furent réduits à implorer la paix.

Ce récit qui comprend plus de vingt pages et qui a
attiré tant d'éloges à **M.** Parkman est encore tout entier de **M.** Faillon, il n'y a pas à en douter. Ce sont les
mêmes expressions, la même suite des événements,
traduite avec talent ; mais les mots les plus caractéristiques viennent de l'original.

Il n'a rien omis, il n'a oublié que de citer l'auteur.
Il le suit avec fidélité, mais il ne dit pas un mot de
M. Faillon. Il est vrai qu'il a pris la peine d'intercaler
une dizaine de lignes de sa composition qui donnent
un de ces traits pittoresques dont il a le goût et dont
le type se trouve d'ailleurs originairement dans les
almanachs populaires. Il représente l'expédition française arrivant sur les bords du Saint-Sacrement et il
embouche la flûte champêtre.

« C'était, dit-il, la première de ces démonstrations
guerrières qui ont rendu ces beaux sites historiques.
Octobre avait commencé et ces déserts pittoresques
montraient le brillant aspect de la plus belle des sai-
sons américaines. Quand l'oiseau bleu s'élance du fond
des bois, quand le canard sauvage s'ébat au bord des
lacs, et que l'écho des montagnes répète au loin le cri
perçant du pluvier. Alors les rochers rougis par le
cours des eaux sont revêtus de la dépouille éclatante du
sumac, ou des fraîches couleurs des jeunes chênes, ou
des feuilles brillantes de l'érable, ou de la pourpre mate
des frênes ; en ce moment les rayons du soleil passent
obliquement à travers les nuages de l'automne qui
filent rapidement sur le flanc des montagnes aux riches
couleurs et ils éclairent cette brillante *apothéose* de la
saison mourante. »

Ces lignes sont bien, elles sont en situation, elles
nous donnent les sentiments que pouvaient éprouver
ces guerriers transportés tout d'un coup des pays civi-
lisés au milieu des splendeurs de ces solitudes, mais
comme on ne voit pas qu'elles diminuent en rien le
mérite de celui qui a réuni les faits, qui les a recueillis

du milieu de tant de documents divers, qui les a contrôlés, vérifiés, etc.; on ne comprend pas pourquoi M. Parkman n'ait fait aucune mention de lui.

Viennent ensuite d'autres pages : une cinquantaine qui ont attiré à M. Parkman tant de compliments sur ses profondes recherches, ses connaissances de la statistique, des intérêts de l'industrie, de l'agriculture et du commerce; or toutes ces indications sont prises entièrement du troisième volume de l'histoire de la colonie française de M. Faillon, c'est-à-dire aux deux tiers textuellement et le reste en analyse, en résumé. Nous n'en dirons pas plus sur ce sujet, il y aurait encore à citer les débats des gouverneurs avec les Sulpiciens et avec Mgr de Laval, les difficultés suscitées par M. de Frontenac contre M. d'Urfé, et M. de Fénelon, tout cela est si textuel qu'on reconnaît facilement la source à laquelle on a puisé.

Ce que nous avons dit ne vient pas de ce que nous méconnaissions les mérites du célèbre historien. Nous ne voulons pas mettre en oubli les services qu'il a rendus à la connaissance des annales religieuses de la Nouvelle-France. Nous ne craignons qu'une chose, c'est qu'il ne se déjuge lui-même et qu'il renonce aux qualités qui ont signalé ses premiers écrits. Sa bonne foi, sa largeur de vues l'ont signalé aux meilleurs esprits et aux appréciateurs les plus recommandables.

Il n'a pas à sortir de cette voie. Son esprit de justice, relevé par un remarquable talent d'écrire, lui a donné une réputation universelle. Il a trouvé son chemin qui s'élève sur les cimes si hautes de l'impartialité et de la sincérité. Enfin, il participe aux qualités éminentes qui ont fait la distinction de ce grand Prescott et de ce charmant Washington Irving.

Après cela qu'a-t-il à faire d'ambitionner le rôle du sinistre Cotton Mather? ou bien de prétendre aux lauriers des orateurs de la célébration de l'anniversaire du 4 juillet, ou à la célébrité banale des faiseurs de *tracts?* Du premier coup il avait su s'élever dans une sphère bien supérieure; il y était estimé, considéré, qu'il n'en descende pas, qu'il y reste, il nous semble que c'est au nom de ses plus chers intérêts que nous devons l'en supplier.

Nous terminerons ici cette étude; elle rappelle des faits importants d'un siècle, qui semble déjà bien connu, mais dont on a trop oublié les gloires les plus excellentes dans l'ordre religieux et moral. — Ceci a d'autant plus d'intérêt que l'on peut déjà si bien constater les accroissements dus aux institutions de Colbert.

Enfin nous pensons qu'à une époque où l'on revient à l'esprit colonial, il est utile de signaler à l'attention des œuvres qui étaient pleines d'avenir et dont on aurait retiré tant d'avantages, si l'on était resté fidèle aux principes sages et religieux qui avaient présidé à leur établissement.

TABLE

SAINT-CLOUD. — IMPRIMERIE DE Mme V[e] EUG. BELIN.